Blockchain-Technologie und Smart Bonds

Chancen und Risiken bei der Neugestaltung des Kapitalmarktes

Bibliografische Information der Deutschen Nationalbibliothek:

Die Deutsche Nationalbibliothek verzeichnet diese Publikation in der Deutschen Nationalbibliografie; detaillierte bibliografische Daten sind im Internet über http://dnb.d-nb.de abrufbar.

Impressum:

Copyright © EconoBooks 2021

Ein Imprint der GRIN Publishing GmbH, München

Druck und Bindung: Books on Demand GmbH, Norderstedt, Germany

Covergestaltung: GRIN Publishing GmbH

Inhaltsverzeichnis

Abbildungsverzeichnis

Tabellenverzeichnis

Abkürzungsverzeichnis

AML	Anti Money Laundering
BaFin	Bundesanstalt für Finanzdienstleistungsaufsicht
CCP	Central Counterparty
CSD	Central Security Depository
DLT	Distributed-Ledger-Technology
DTCC	Depository Trust and Clearing Corporation
DvP	Delivery-versus-Payment
GB	Gigabyte
HTCL	Hash Timelock Contracts
kB	Kilobyte
KYC	Know your Customer
Nonce	Number used only once
P2P	Peer-to-Peer
PoS	Proof-of-Stake
PoW	Proof-of-Work
SPV	Simple Payment Verification
tps	transactions per second
UTXO	Unspent Transaction Outputs Cache

1 Einleitung

Die Infrastruktur der heutigen internationalen Kapitalmärkte besteht aus einem komplexen Netzwerk, das von internen Systemen und externen Dienstleistern gestützt wird.[1] Der Kapitalmarkthandel involviert eine Vielzahl an Akteuren, die fortlaufend Daten abgleichen und dabei verschiedene Validierungsprozesse wiederholen. Im Rahmen dessen entstehen hohe Kosten, lange Abwicklungszeiten und operationelle Risiken.[2]

Der Blockchain-Technologie wird das Potenzial zugeschrieben, diese Nachteile des derzeitigen Kapitalmarktes zu beseitigen. Ein frühes Experimentierfeld in diese Richtung ist der Bereich der digitalen Wertpapiere, die durch den Einsatz der Blockchain-Technologie keinen Finanzintermediär benötigen.

Im August 2018 platzierte die Weltbank zusammen mit der Commonwealth Bank of Australia erfolgreich einen „Smart Bond". Es ist die weltweit erste Anleihe, die über ihren gesamten Lebenszyklus mit Hilfe der Blockchain-Technologie erstellt, zugewiesen, übertragen und verwaltet wird.[3] In diesem Modell sind keine Intermediäre erforderlich, da der Informations- und Geldfluss automatisch durch die Blockchain gesteuert wird. Die Erstellung von Smart Bonds erfordert gut durchdachte Designentscheidungen für eine für den Anleihenmarkt geeignete Blockchain-Plattform.

1.1 Zielsetzung der Arbeit

Ziel dieser Arbeit ist es, die Konzeption einer Anleihe mit Blockchain-Technologie zu untersuchen, sowie zum akademischen Verständnis der Technologie und ihrer Anwendungsbereiche beizutragen. Darüber hinaus wird das Potenzial der Blockchain-Technologie anhand eines Smart Bonds bei der Neugestaltung der Infrastruktur des Kapitalmarktes untersucht. Des Weiteren werden Vorschläge für ein mögliches Blockchain-Design getroffen, welches den heutigen Kapitalmarkt weitestgehend ersetzt.

---

[1] Vgl. o.V. (2016): Embracing Disruption. Tapping the Potential of Distributed Ledgers to improve the Post-Trade Landscape, in: Depository Trust and Clearing Corporation, S. 2.

[2] Vgl. Schütte, J. et al. (2017): Blockchain und Smart Contracts – Technologien, Forschungsfragen und Anwendungen, in: Fraunhofer-Gesellschaft zur Förderung der angewandten Forschung, S. 28.

[3] Vgl. Klopfer, A.: World Bank Prices First Global Blockchain Bond, Raising A$110 Million, https://www.worldbank.org/en/news/press-release/2018/08/23/world-bank-prices-first-global-blockchain-bond-raising-a110-million (12.4.2019).

Das zu untersuchende Potenzial der Technologie wird in folgender These vereinfacht dargestellt: Eine Blockchain-Plattform ermöglicht einen vollständig digitalen Anleihenmarkt und bietet somit eine Alternative zur heutigen Kapitalmarktinfrastruktur.

Zusammenfassend, zielt diese Arbeit auf folgende Themen ab:

- Bereitstellung einer Analyse der Blockchain-Technologie auf dem aktuellen Entwicklungsstand.

- Auseinandersetzung mit den Möglichkeiten der Nutzung von Blockchain-Innovationen für Wertpapiere insbesondere Anleihen.

- Beschreibung der Funktionsweise von Smart Bonds und die Konzeption einer Anleihe mit Blockchain-Technologie.

- Vorschläge für die Architektur einer Blockchain-Plattform, die für Smart Bonds geeignet ist und Finanzintermediäre ersetzt.

1.2 Methodische Vorgehensweise

In Kapitel 2 werden zunächst die Voraussetzung zur Konzeption von Smart Bonds erläutert. Im Rahmen dessen erfolgt eine grundlegende technische und konzeptionelle Erklärung der Blockchain auf Basis des Bitcoins. Zudem werden für Smart Bonds relevante Blockchain-Erweiterungen detailliert beschrieben.

Auf dieser Grundlage werden im Kapitel 3 die Potenziale der Blockchain-Technologien im Kapitalmarkt diskutiert. Anschließend wird der aktuelle Entwicklungsstand der Technologie im Kapitalmarkt näher untersucht. Es wird vorgestellt wie eine Anleihe in der Blockchain dargestellt wird, wie ein Handel ohne Intermediär erfolgt und was die Auswirkungen auf das Nachhandelssegment sind.

Im darauffolgenden Kapitel 4 werden geeignete Blockchain-Architekturen für Smart Bonds vorgeschlagen. Die vorangegangenen Kapitel bilden die Grundlage für diese Entscheidungen.

Das Kapitel 5 fasst alle Kapitel der Arbeit zusammen.

Abschließend wird mit dem Kapitel 6 ein Fazit gezogen und ein Ausblick beschrieben.

1.3 Kritischer Literaturüberblick

Als im Jahr 2008 die Finanzkrise tobte, veröffentlichte eine Person oder Gruppe unter dem Pseudonym Satoshi Nakamoto das Whitepaper „Bitcoin: A Peer-to-Peer Electronic Cash System". In diesem Paper wurde die Schaffung eines Peer-to-Peer-Systems für elektronisches Geld vorgeschlagen, das auf einer virtuellen Währung namens Bitcoin basiert.[4]

Abbildung 1: Interesse an der Blockchain im zeitlichen Verlauf

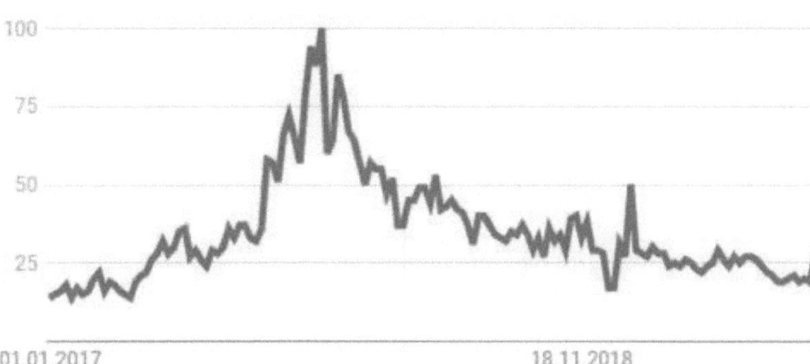

Quelle: Google Trends. Blockchain Suchbegriff 01.01.17 bis 03.10.19. URL: https://trends.google.de/trends/explore?date=2017-01-01%202019-10-03&geo=DE&q=Blockchain, abgerufen am: 21.09.2019.

Die Blockchain-Technologie hat insbesondere durch den Bitcoin und anderer Kryptowährungen in der näheren Vergangenheit einen regelrechten Hype erfahren. Jedoch ermöglicht die Blockchain, als Technologie hinter Bitcoin, weitaus mehr als nur eine virtuelle Währung und wird somit als der eigentliche innovative Durchbruch erachtet.[5] Der Blockchain wird ein so enormes Potenzial zugeschrieben, dass sie vom Massachusetts Institute of Technology als ebenso revolutionäre Technologie wie das Internet eingestuft wurde.6

Bislang gibt es trotz des fortgeschrittenen Alters der Technologie, dem hohen Bekanntheitsgrades und dem zugeschriebenen Potenzial vergleichsweise wenig

---

[4]   Vgl. Nakamoto, S. (2008): Bitcoin: A Peer-to-Peer Electronic Cash System.

[5]   Vgl. Glaser, F., Bezzenberger, L. (Hrsg.) (2015): Beyond Cryptocurrencies - A Taxonomy of Decentralized Consensus Systems. Proceedings of the 23rd European Conference on Information Systems, ECIS 2015, Münster, Germany, May 26-29, S. 13.

[6]   Vgl. Shrier, D., Sharma, D., Pentland, A. (2016): Blockchain & Financial Services: The Fifth Horizon of Networked Innovation, in: Massachusetts Institute of Technology, S. 5.

wissenschaftliche Beiträge.[7] Es hat sich ebenfalls noch keine einheitliche Definition für die Blockchain-Technologie durchgesetzt.[8] Im Finanzumfeld wurde die Blockchain bereits, hinsichtlich technischer[9] und rechtlicher[10] Aspekte untersucht. Trotzdem gibt es nur wenige ausführliche Untersuchungen über Anwendungen der Blockchain-Technologie in der Finanzbranche.[11]

All dies führte zu der Notwendigkeit einer strukturierten Literaturrecherche, um bestehende wissenschaftliche Erkenntnisse und Potenzialbeschreibungen aus der Literatur zu verbinden. Die Literaturrecherche basiert auf der in Abbildung 2 visualisierten Struktur.

Abbildung 2: Struktur der Literaturrecherche

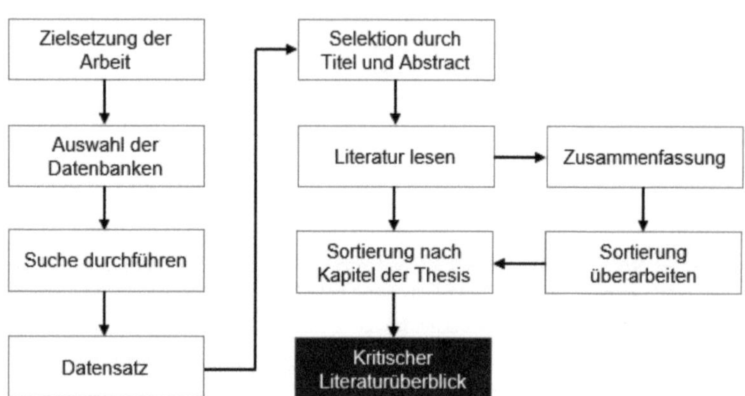

Quelle: Eigene Darstellung.

---

7   Vgl. Chiu, J., Koeppl, T. V. (2019): Blockchain-Based Settlement for Asset Trading, in: The Review of Financial Studies, 32. Jg., H. 5, S. 1716–1753, S. 5.

8   Vgl. Schlatt, V. et al. (2016): Blockchain: Grundlagen, Anwendungen und Potenziale, in: Projektgruppe Wirtschaftsinformatik des Fraunhofer-Instituts für Angewandte Informationstechnik FIT, S. 5–7.

9   Vgl. Croman, K. et al. (2016): On Scaling Decentralized Blockchains, in: J. Clark et al. (Hrsg.): Financial cryptography and data security. FC 2016 international workshops, BITCOIN, VOTING, and WAHC, Christ Church, Barbados, February 26, 2016 : revised selected papers, Berlin, S. 106–125.

10   Vgl. Kiviat, T. I. (2015): Beyond Bitcoin: Issues in Regulating Blockchain Transactions, in: Duke Law Journal, H. 65, S. 569–608.

11   Vgl. Schlatt, V. et al. (2016): Blockchain: Grundlagen, Anwendungen und Potenziale, in: Projektgruppe Wirtschaftsinformatik des Fraunhofer-Instituts für Angewandte Informationstechnik FIT, S. 5.

Die Literaturrecherche führte zu einer umfangreichen Datengrundlage, die durch den Titel und das Abstract der jeweiligen Literatur eingegrenzt wurde. Die für diese Arbeit relevanten Titel wurden anschließend nach den Kapiteln der Thesis sortiert. Von der relevanten Literatur sind mehrere Titel von besonderer Bedeutung und in den Abbildungen 3 und 4 aufgeführt.

Abbildung 3: Kritischer Literaturüberblick I/II

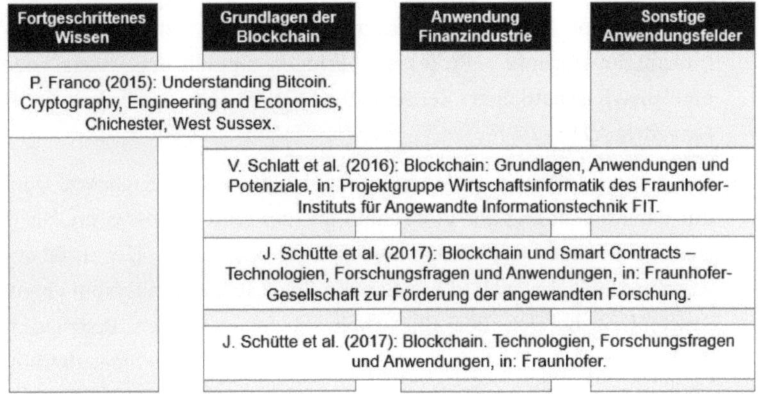

Quelle: Eigene Darstellung.

Für das zweite Kapitel innerhalb dieser Arbeit sind vier Titel von zentraler Bedeutung. Mit „Understanding Bitcoin: Cryptography, Engineering and Economics" bietet der Autor Pedro Franco eine Beschreibung der Blockchain-Technologie auf Grundlage des Bitcoins. Das Buch deckt ein breites Themenspektrum ab, von der Basistechnologie bis hin zu fortgeschrittenen kryptographischen Konzepten. All dies schafft der Autor sehr anschaulich und verständlich zu erklären.

Die Paper der Autoren des Fraunhofer-Instituts erweitern das Grundlagenwissen durch Blockchain-Applikationen. Schlatt et al. kritisieren, dass die Blockchain-Technologie in Publikationen zu den Anwendungsbereichen nur selten umfangreich untersucht wird.[12] Das ist zwar richtig, aber die Autoren in dem vom Fraunhofer-Institut veröffentlichten Artikel gehen selbst eher beispielhaft auf die Anwendungsbereiche der Blockchain ein. Statt sich auf einen ausgesuchten Sektor

---

[12] Vgl. Schlatt, V. et al. (2016): Blockchain: Grundlagen, Anwendungen und Potenziale, in: Projektgruppe Wirtschaftsinformatik des Fraunhofer-Instituts für Angewandte Informationstechnik FIT, S. 5.

zu konzentrieren, werden neben verschiedenen Branchen, auch öffentliche und juristische Sektoren, sowie das Internet der Dinge thematisiert. So werden die Grundlagen der Blockchain zwar ausführlich und detailliert behandelt, jedoch erfährt der Leser nur oberflächliches Wissen über ihre Anwendungsgebiete.

Besonders hervorzuheben ist bei den Fraunhofer-Werken der Autor Gilbert Fridgen. Er ist Professor für Wirtschaftsinformatik und Nachhaltiges IT-Management an der Universität Bayreuth, sowie stellvertretender Leiter der Projektgruppe Wirtschaftsinformatik des Fraunhofer-Instituts für Angewandte Informationstechnik. Professor Fridgen publiziert nach dem Ranking betriebswirtschaftlicher Zeitschriften JOURQUAL 3 regelmäßig Beiträge der Kategorie A.[13]

Das dritte Kapitel dieser Arbeit stützt sich auf eine Vielzahl von Quellen, die sich mit der Anwendung der Blockchain im Kapitalmarkt befassen. Die verwendeten Quellen können nach ihrem Fokus oder nach dem Herausgeber klassifiziert werden. Neben Journals, die sich in der Regel sehr detailliert auf einen bestimmten Anwendungsbereich der Blockchain beziehen, bieten Beiträge von Banken, Zentralverwahrern, Aufsichtsbehörden und Unternehmensberatungen einen umfassenden Überblick. Unternehmensberatungen neigen hierbei dazu, eine Utopie zu beschreiben und sollten daher in den Hintergrund rücken.[14]

Abbildung 4: Kritischer Literaturüberblick II/II

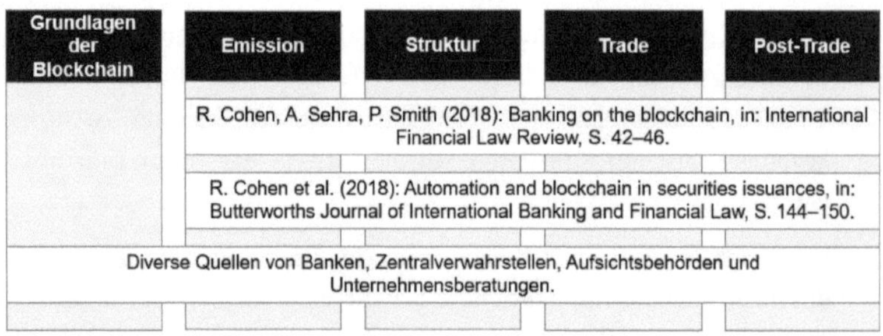

Quelle: Eigene Darstellung.

---

[13] Vgl. Sekretariat NIM: Prof. Dr. Gilbert Fridgen, https://www.nim.uni-bayreuth.de/de/team/gilbert-fridgen/index.php (2.11.2019).

[14] Vgl. van de Velde, J. et al. (2016): Blockchain in Capital Markets. The Prize and the Journey, in: Euroclear mit Oliver Wymann Joint Report, S. 9.

Die Paper von Cohen et al. konzentrieren sich auf die möglichen Strukturen und Darstellungen eines Smart Bonds auf der Blockchain. Die Themen Handel und Post-Trade werden in beiden Beiträgen jedoch nur oberflächlich angesprochen.

Für ihre Beiträge verwenden die Autoren eine Fallstudie, in der das FinTech Nivaura für Luxdeco, einen Online-Händler für Luxusmöbel, Anleihen nach englischem Recht auf Basis der Blockchain platzierte. Die Emission wurde in einer "regulatory sandbox" unter der Aufsicht der britischen Financial Conduct Authority durchgeführt, die es Unternehmen ermöglicht, innovative Produkte, Dienstleistungen und Geschäftsmodelle auf dem realen Markt mit echten Verbrauchern zu testen.[15] Dies verleiht beiden Papern einen hohen Praxisbezug, der durch Grafiken gut visualisiert wird. Die Autoren konzentrieren sich auf rechtliche und wirtschaftliche Aspekte, dabei setzen sie technischen Wissen über die Blockchain voraus.

---

[15] Vgl. Cohen, R. et al. (2018): Automation and blockchain in securities issuances, in: Butterworths Journal of International Banking and Financial Law, S. 144–150.

2 Blockchain Technologie

2.1 Grundlage: Bitcoin-Blockchain

Die grundsätzliche Funktionsweise der heutigen Blockchain-Technologie basiert auf der Kryptowährung Bitcoin, wie im White Paper „Bitcoin: A Peer-to-Peer Electronic Cash System" beschrieben. Darin wird ein webbasiertes Zahlungsverkehrssystem skizziert, das den direkten Transfer digitaler Vermögenswerte zwischen Sender und Empfänger ermöglicht. Durch die Verwendung von kryptographischen Komponenten und eines Peer-to-Peer-Netzwerkes (P2P-Netzwerk) besteht keine Notwendigkeit eines Finanzintermediärs.[16] Die Kryptowährung Bitcoin fungiert dabei als Rechnungseinheit und die Blockchain dient als dezentrales Register, das vergangene Transaktionen bei allen Teilnehmern des Netzwerkes, sogenannten Knoten, abspeichert.[17]

Bitcoin basiert auf zwei kryptographischen Schemata: Public-Key-Kryptographie bzw. digitale Signaturen und kryptographische Hashfunktionen. Erstere ermöglicht den Austausch genauer Zahlungsanweisungen zwischen den Parteien einer Transaktion, und letztere wird verwendet, um Transaktionsdetails in der Blockchain aufzuzeichnen.[18]

Die Funktionsweise und der Ablauf einer Bitcoin-Transaktion soll an einem Beispiel verdeutlicht und anschließend in Abbildung 5 visualisiert werden. Hierfür wird angenommen, dass Alice Bitcoins an Bob transferieren möchte. Im Bitcoin-Netzwerk existieren keine Kontonummern, stattdessen verwenden Benutzer zur Erzeugung und Signierung einer Transaktion private Schlüssel.[19] Für diesen Zweck benutzt Alice, als Erzeugerin des privaten Schlüssels, eine Wallet-Software. Solch eine Software bietet jedem Nutzer Zugang zum Bitcoin-Netzwerk und ermöglicht die Verwaltung von Bitcoin-Adressen, sowie die Transaktion von Bitcoins.[20] Ein wichtiges Detail ist, dass die Netzwerkknoten weder die Identität von Alice noch

---

[16] Vgl. Nakamoto, S. (2008): Bitcoin: A Peer-to-Peer Electronic Cash System.

[17] Vgl. Anton, B., Matthew, C. (2014): Bitcoin: Technical Background and Data Analysis, in: Finance and Economics Discussion Series, S. 5.

[18] Vgl. Anton, B., Matthew, C. (2014): Bitcoin: Technical Background and Data Analysis, in: Finance and Economics Discussion Series, S. 7.

[19] Vgl. Antonopoulos, A. M. (2015): Mastering Bitcoin, Sebastopol, CA, S. 61.

[20] Vgl. Brühl, V. (2017): Bitcoins, Blockchain und Distributed Ledgers, in: Wirtschaftsdienst, 97. Jg., H. 2, S. 135–142, S. 136.

von Bob kennen, da die Benutzer nur durch ihre Adressen identifiziert werden. Das Bitcoin-Netzwerk erlaubt seinen Nutzern Pseudonymität. Somit benötigt Alice für ihre Transaktion keinerlei persönlichen Daten von Bob, sondern lediglich seine Bitcoin-Adresse.[21]

Abbildung 5: Ablauf einer Bitcoin-Transaktion

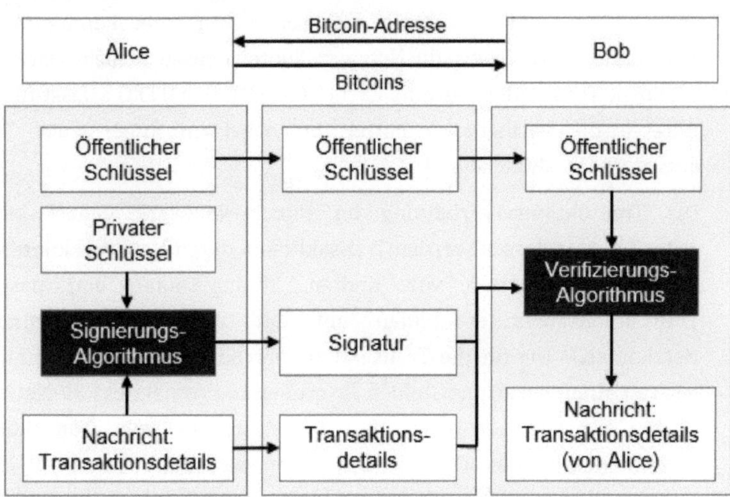

Quelle: Eigene Darstellung in Anlehnung an: V. Brühl (2017): Bitcoins, Blockchain und Distributed Ledgers, in: Wirtschaftsdienst, 97. Jg., H. 2, S. 135–142, S. 136.

Alice erzeugt für die Transaktion über einen Signierungsalgorithmus zunächst eine verschlüsselte Signatur, als kryptographisches Ergebnis aus privatem Schlüssel und der Transaktionsnachricht. Anschließend wird die signierte Transaktion zusammen mit dem öffentlichen Schlüssel an Bob versendet. Mithilfe des öffentlichen Schlüssels können Empfänger bzw. Bob und das gesamte Netzwerk, die Signatur und Legitimität der Transaktion verifizieren. Bei Erhalt der signierten Transaktion überprüft Bob anhand des Verifizierungsalgorithmus die digitale Signatur von Alice. Hierbei validiert Bob, ob die digitale Signatur tatsächlich vom Sender bzw. Alice erzeugt wurde. Denn die digitale Signatur kann nur vom Inhaber

---

[21] Vgl. Franco, P. (2015): Understanding Bitcoin. Cryptography, Engineering and Economics, Chichester, West Sussex, S. 14.

des privaten Schlüssels mit dem entsprechenden öffentlichen Schlüssel initiiert worden sein.[22]

Im Bitcoin-Netzwerk werden Transaktionen alle zehn Minuten zu Transaktionsblöcken zusammengefasst und an alle Netzwerkknoten verteilt. Anschließend werden diese Transaktionsblöcke in einer Kette von Blöcken protokolliert - die Blockchain. Abgesehen von einer kompletten Kopie aller Transaktionen speichern die Netzwerkknoten eine zusätzliche Datenbank namens „Unspent Transaction Outputs Cache" (UTXO). Das UTXO erfasst für jede Bitcoin-Adresse die verfügbaren Mittel und wird im Zuge neuer Transaktionen entsprechend aktualisiert.[23]

Die Transaktionsverarbeitung im Bitcoin-Netzwerk bedarf keine zentrale Autorität. Stattdessen werden Transaktionen durch Netzwerkknoten verifiziert.[24] Es gibt zwei Arten von Knoten, Mining-Knoten und passive Knoten. Transaktionsabwickler bilden mit der Wallet-Software einen passiven Netzknoten.[25] Die für die Transaktionsverarbeitung zuständigen Mining-Knoten, auch als Miner bezeichnet, bilden ein großes und vernetztes P2P-Netzwerk, das alle Bitcoin-Transfers autorisiert. Für die Aufnahme von Transaktionen in die Blockchain fassen Miner unbestätigte Transaktionen in einem Block zusammen. Neben den unbestätigten Transaktionen enthält der neue Block zusätzlich einen sogenannten Block-Header als Referenz zu dem vorherigen Block. An diesem Punkt entsteht ein potenzielles Sicherheitsproblem, welches als „Double-Spending-Problematik" bezeichnet wird. Ein Double-Spending liegt vor, wenn ein Benutzer versucht, dieselben Geldmittel bzw. Bitcoins doppelt auszugeben. Doppelausgaben in einem zentralen System zu verhindern ist relativ einfach, da Transaktionen in einer zentralen Datenbank erfasst werden und zukünftige Ausgaben zunächst gegen diese Datenbank abgeglichen werden. Das Bitcoin-Netzwerk als dezentrales Register ohne zentrale Instanz bedarf einem anderen Überprüfungsmechanismus. Doppelausgaben verhindert das Bitcoin-Netzwerk durch das Proof-of-Work (PoW)

---

[22] Vgl. Brühl, V. (2017): Bitcoins, Blockchain und Distributed Ledgers, in: Wirtschaftsdienst, 97. Jg., H. 2, S. 135–142, S. 136.

[23] Vgl. Franco, P. (2015): Understanding Bitcoin. Cryptography, Engineering and Economics, Chichester, West Sussex, S. 15.

[24] Vgl. Zohar, A. (2015): Bitcoin: Under the Hood, in: Communications of the ACM, 58. Jg., H. 9, S. 104–113, S. 106.

[25] Vgl. Franco, P. (2015): Understanding Bitcoin. Cryptography, Engineering and Economics, Chichester, West Sussex, S. 111.

Schema. Ein Intermediär, der die Transaktion normalerweise auf Double-Spending überprüft ist obsolet.[26]

Damit ein neuer Block in die bestehende Blockchain integriert werden kann, bedarf es die Lösung eines kryptografischen Rätsels. Diese Lösung ist abhängig von dem Hash des Block-Header, als Referenz zum vorherigen Block, den Zielvorgaben des Hash-Rätsels, den beinhaltenden Transaktionen in Form der gehashten Merkle-Root, dem Zeitstempel und einer zu findenden Nonce (number used only once).[27] Zur Lösung dieses mathematischen Problems werden solange zufällig gewählte Zeichenketten iteriert, bis diese den gesamten Zielvorgaben für einen neu aufzunehmenden Block entsprechen. Bei der Iteration von Zeichenfolgen handelt es sich um einen rechenintensiven Prozess, der als Mining bezeichnet wird. Das Mining erfolgt nach dem Netzwerk eigenem Konsensalgorithmus, dem PoW. Wenn ein Miner eine gültige Zeichenkette berechnet hat, wird der neue Block als neues Glied in die Kette eingefügt. Dieses neue Element wird zum letzten gültigen Block, für dessen Berechnung der Miner in Form von neu geschaffenen Bitcoins entlohnt wird. Anschließend wird der neu erstellte Block einschließlich der darin befindlichen Transaktionen an alle Netzwerkknoten weitergeleitet, somit verfügen alle Teilnehmer der Blockchain über die gleichen Informationen.[28]

Für jeden neu entstehenden Block zur Erweiterung der bestehenden Blockchain, muss das gesamte Netzwerk erneut ein Konsens über die Änderung finden. Dafür wird durch den PoW Konsensalgorithmus ein kryptografisches Rätsel während des rechenintensiven Mining-Prozesses gelöst.[29] Jeder Miner arbeitet individuell an der Lösung dieses Rätsels, dabei kann es vorkommen, dass verschiedene Mining-Knoten beinahe gleichzeitig das Rätsel für einen neuen Block lösen. Hierdurch entstehen kurzeitig mehrere Versionen einer im Netzwerk gültigen Blockchain, dies wird als Ast oder Gabelung bezeichnet. Die Regel der längsten Kette löst diesen Konflikt und stellt sicher, dass das Netzwerk schließlich zu einer einzigen Blockchain konvergiert. Hierfür arbeiten Miner so lange auf Grundlage ihrer separaten Blockchain weiter, bis die Lösung eines anderen, neuen Blockes zu einer

---

[26] Vgl. Zohar, A. (2015): Bitcoin: Under the Hood, in: Communications of the ACM, 58. Jg., H. 9, S. 104–113, S. 106 f.

[27] Vgl. Antonopoulos, A. M. (2015): Mastering Bitcoin, Sebastopol, CA, S. 164 f.

[28] Vgl. Schütte, J. et al. (2017): Blockchain. Technologien, Forschungsfragen und Anwendungen, in: Fraunhofer, S. 6 f.

[29] Vgl. Schütte, J. et al. (2017): Blockchain. Technologien, Forschungsfragen und Anwendungen, in: Fraunhofer, S. 6 f.

aktuelleren Version der Blockchain führt. Das Netzwerk einigt sich dann auf den längsten Ast der Blockchain. Diese „längste" Version wird vom gesamten Netzwerk übernommen und bildet die Basis für zukünftige Blöcke. Transaktionen, die zwar verarbeitet wurden, aber nicht länger Teil der aktuellen Blockchain sind, werden wieder in den Pool mit unbestätigten Transaktionen zurückgeführt. Solche unbestätigten Transaktionen werden für den nächsten gültigen Block berücksichtigt. Somit entsteht erneut eine Sicherheitslücke in Form des Double-Spending.[30]

Um die Sicherheit für die Aufzeichnung von Transaktionen zu erhöhen, wird der PoW-Hash des letzten abgebauten Blocks immer als Input in den nächsten Block aufgenommen. Hierdurch entsteht die Verkettung zur Blockchain, die mit jedem Block schrittweise wächst. Auf diese Weise muss ein potenzieller Angreifer, der versucht, den Inhalt eines bestimmten Blocks zu verändern, nicht nur den PoW dieses Blocks neu berechnen, sondern auch alle Hashwerte für alle nachfolgenden Blöcke in der Kette neu berechnen, da alle nachfolgenden Hashes vom vorherigen abhängen. Des Weiteren werden im Bitcoin-Netzwerk fortlaufend Blöcke zur Blockchain hinzufügt, somit müsste der Angreifer nicht nur alle bisherigen PoWs neu berechnen, sondern auch mit dem Tempo der aktuellen Blockerstellung Schritt halten und diese sogar übertreffen. Ein Angreifer müsste mehr als 51% der Rechenkapazität des gesamten Netzwerks kontrollieren, um die Blockchain und darin befindliche Blöcke bzw. Transaktionen zu verändern.[31]

Im Folgenden sind die verschiedenen Schritte zur Bildung einer Blockchain zusammengefasst und in Abbildung 6 visualisiert:[32]

1. Transaktionsdefinition: Der Sender erzeugt für eine Transaktion zunächst eine verschlüsselte Signatur, als kryptographisches Ergebnis aus privatem Schlüssel, öffentlichen Schlüssel und der Transaktionsnachricht.

2. Transaktionsauthentifizierung: Die Netzwerkknoten validieren die Transaktionsnachrichten, indem sie die digitale Signatur entschlüsseln.

---

[30] Vgl. Zohar, A. (2015): Bitcoin: Under the Hood, in: Communications of the ACM, 58. Jg., H. 9, S. 104–113, S. 107 f.

[31] Vgl. Franco, P. (2015): Understanding Bitcoin. Cryptography, Engineering and Economics, Chichester, West Sussex, S. 113.

[32] Vgl. Frøystad, P., Holm, J. (2015): Blockchain: Powering the Internet of Value, in: EVRY Financial Services, S. 11.

Diese Daten werden vorübergehend gehalten, bis sie zum Erstellen eines neuen Blocks verwendet werden.

3. Blockerstellung: Während des Mining-Prozesses werden Transaktionen in einem Block zusammengefasst und zur Überprüfung an das gesamte Netzwerk gesendet.

4. Blockvalidierung: Der während des Mining-Prozess neu entstandene Block wird durch den Konsensalgorithmus im Netzwerk validiert.

5. Blockverkettung: Wenn alle Transaktionen validiert sind, wird der neue Block an die Blockchain angehängt und die Information an das gesamte Netzwerk verteilt.

Abbildung 6: Bildung einer Blockchain

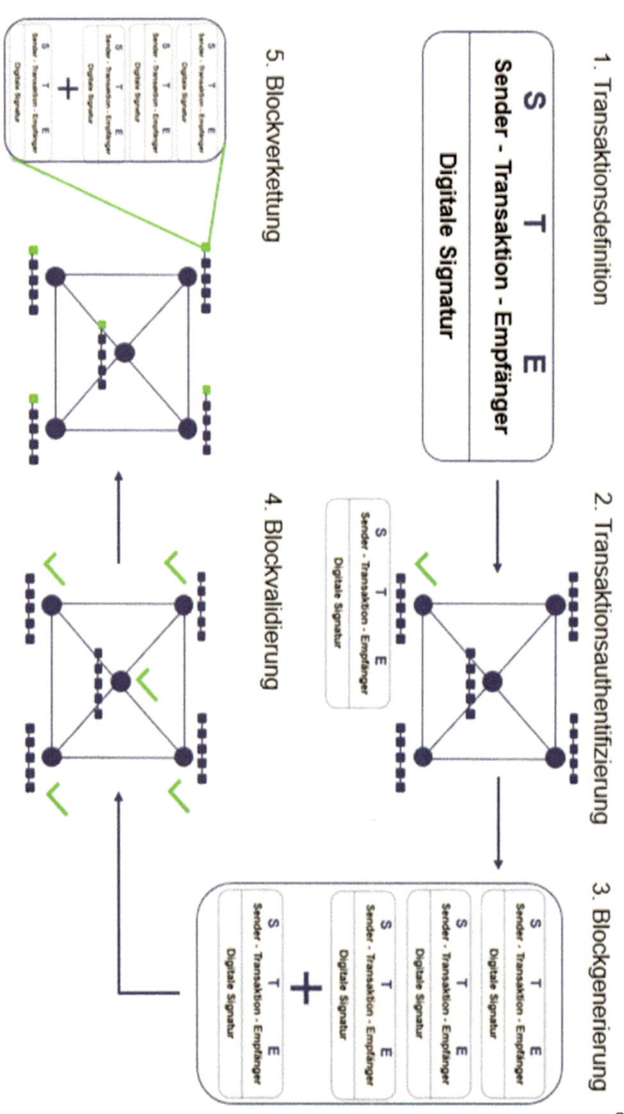

Quelle: Eigene Darstellung in Anlehnung an: P. Frøystad, J. Holm (2015): Blockchain: Powering the Internet of Value, in: EVRY Financial Services, S. 10.

2.2 Blockchain-Datenstruktur

Die Blockchain ist eine Variante der Distributed-Ledger-Technology (DLT), die dazu dient Transaktionen korrekt auszuführen und aufzuzeichnen. Als DLT wird ein verteiltes Kontoführungssystem in Form einer dezentralen Datenbank bezeichnet.[33]

Abbildung 7: Vergleich zentrale, dezentrale und verteilte Netzwerke

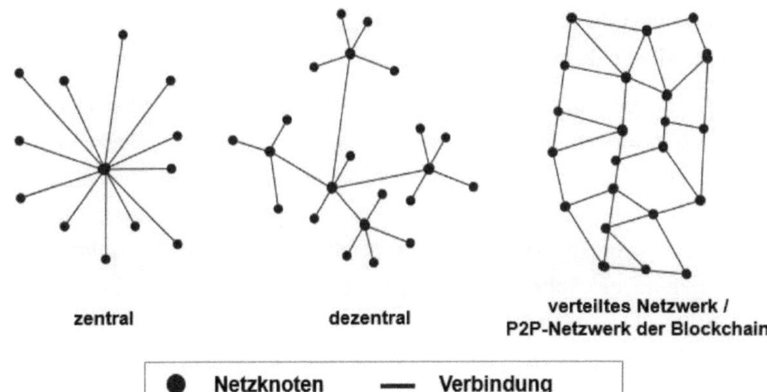

Quelle: Eigene Darstellung in Anlehnung an: P. Baran (1964): On Distributed Communications: I. Introduction to Distributed Communications Networks, in: The RAND Corporation, RM-3420-PR.

Wie in Abbildung 7 dargestellt, verwendet die Blockchain kein rein zentrales oder begrenztes dezentrales Netzwerk. Stattdessen wird das Ledger innerhalb der Blockchain dezentral über das P2P-Netzwerk auf alle Netzwerkknoten verteilt. Die Struktur der Blockchain ermöglicht es den Netzwerkteilnehmern, direkt miteinander zu interagieren, ohne dass ein Vermittler erforderlich ist.

Die im Netzwerk befindlichen Knoten besitzen alle eine identische Kopie des verteilten Ledgers und somit eine Speicherung aller verwalteten Transaktionen. Änderungen an dem Ledger erfolgen nach einem vordefinierten Konsensalgorithmus und werden über das dezentrale Netzwerk weitergegeben. Diese redundante Datenhaltung garantiert eine manipulationssichere Datenstruktur.[34]

---

[33] Vgl. Brühl, V. (2017): Banking 4.0 - strategische Herausforderungen im digitalen Zeitalter, in: Kreditwesen, H. 4, S. 177–181, S. 180.

[34] Vgl. Franco, P. (2015): Understanding Bitcoin. Cryptography, Engineering and Economics, Chichester, West Sussex, S. 15.

Ein Vorteil des Einsatzes von Blockchain-Technologien gegenüber anderen Arten von Datenbankstrukturen zeigt sich bei der Verwaltung handelbarer Assets.

Die Blockchain-Technologie erlaubt direkte Werttransaktionen zwischen Individuen, die sich nicht vertrauen müssen, über eine manipulationssichere Datenstruktur.[35] Blockchains werden mit einem UTXO-Modell konzipiert, wodurch jede neue Transaktionseingabe eine Referenz auf die Ausgabe einer anderen Transaktion erfordert.[36] Das bedeutet, dass das in einer Transaktion referenzierte Vermögen durch die Blockchain bis zu ihrer Gründung rückverfolgbar ist. Solch eine Möglichkeit ist insbesondere in der Finanzbranche wünschenswert.

Allerdings führt die hochverteile P2P-Struktur der Blockchain zu zeitlichen Verzögerungen, wodurch ein Transfer auf der Bitcoin-Blockchain zehn Minuten dauert. Der Aspekt der Verzögerung kann durch eine Teil-Zentralisierung reduziert werden. Hierfür wird das P2P-Netzwerk gegen eine geringere Anzahl von Servern ersetzt.[37] Beispielsweise reduziert das globale Finanztransaktionssystem Ripple durch ausgewählte Validierungsknoten die gesamte Transaktionsabwicklung auf wenige Sekunden.[38] Ein weniger stark verteiltes Ledger erfordert jedoch ein größeres Vertrauen in das Netzwerk, da es als weniger zensurresistent gilt.[39]

2.3 Skalierbarkeit

Blockchain-Netzwerke beruhen auf dem Konzept einer verteilten Datenhaltung mit Speicherung und Replikation aller verwalteten Transaktionen im P2P-Netzwerk. Hierdurch wird der gesamte Datenbestand auf allen beteiligten Knoten repliziert.

---

[35] Vgl. Schlatt, V. et al. (2016): Blockchain: Grundlagen, Anwendungen und Potenziale, in: Projektgruppe Wirtschaftsinformatik des Fraunhofer-Instituts für Angewandte Informationstechnik FIT, S. 40.

[36] Vgl. Franco, P. (2015): Understanding Bitcoin. Cryptography, Engineering and Economics, Chichester, West Sussex, S. 15.

[37] Vgl. Schütte, J. et al. (2017): Blockchain und Smart Contracts – Technologien, Forschungsfragen und Anwendungen, in: Fraunhofer-Gesellschaft zur Förderung der angewandten Forschung, S. 15 f.

[38] Vgl. Schlatt, V. et al. (2016): Blockchain: Grundlagen, Anwendungen und Potenziale, in: Projektgruppe Wirtschaftsinformatik des Fraunhofer-Instituts für Angewandte Informationstechnik FIT, S. 27.

[39] Vgl. Walport, M. (2015): Distributed Ledger Technology: beyond block chain, in: Government Office for Science, S. 18.

Der replizierte Datenbestand wächst kontinuierlich mit der Lebensdauer einer Blockchain und führt schließlich zu einer kritischen Skalierbarkeit.[40]

Bei dem aktuellen Stand der Blockchain-Technologie können die folgenden vier Kategorien zu möglichen Engpässen in einem Blockchain-Netzwerk führen:[41]

- CPU-Rechenleistung: Die erforderliche Rechenleistung, die ein Netzwerkknoten benötigt, um eine bestimmte Anzahl von Transaktionen pro Sekunde zu verarbeiten.

- RAM-Speicherverbrauch: Die erforderliche Menge an RAM, die ein Knoten benötigt, um eine bestimmte Anzahl von Transaktionen pro Sekunde zu verarbeiten.

- Netzwerkbandbreite: Die erforderliche Bandbreite für einen Knoten, um die Verbreitung von Daten zu ermöglichen.

- Festplattenspeicherkapazität: Der erforderliche Festplattenspeicher zum Speichern der Blockchain.

Die heutige Bitcoin-Blockchain benötigt zehn Minuten, um Transaktionen zu bestätigen und erreicht dabei einen maximalen Durchsatz von 7 Transaktionen/Sekunde. Im Vergleich dazu bestätigt ein Zahlungsabwickler wie der Kreditkartenanbieter Visa eine Transaktion innerhalb von Sekunden und verarbeitet durchschnittlich 2000 Transaktionen pro Sekunde (tps).[42] Bitcoin-Transaktionen nehmen durchschnittlich 0,5 kB Speicherplatz ein, somit würde die Speicherauslastung bei hohen Transaktionsraten schnell steigen. Beispielsweise erzeugt eine Rate, wie bei dem Zahlungsabwickler VISA, von 2.000 tps etwa 1 MB an Daten bzw. 30 TB an Daten pro Jahr. Darüber hinaus kommt es mit der erhöhten Auslastung zu einer Erhöhung der Anzahl der nicht verbrauchten Transaktionsausgaben, wodurch der RAM-Speicherbedarf für den UTXO steigt. Letztlich führt dies dazu, dass der UTXO nicht in den RAM-Speicher des Knoten passt. Hinsichtlich der Kategorien CPU-Rechenleistung und Netzwerkbandbreite bieten heutige Technologien ausreichend Möglichkeiten eine hohe Anzahl an

---

[40] Vgl. Schütte, J. et al. (2017): Blockchain. Technologien, Forschungsfragen und Anwendungen, in: Fraunhofer, S. 10.

[41] Vgl. Franco, P. (2015): Understanding Bitcoin. Cryptography, Engineering and Economics, Chichester, West Sussex, S. 121.

[42] Vgl. Croman, K. et al. (2016): On Scaling Decentralized Blockchains, in: J. Clark et al. (Hrsg.): Financial cryptography and data security. FC 2016 international workshops, BITCOIN, VOTING, and WAHC, Christ Church, Barbados, February 26, 2016 : revised selected papers, Berlin, S. 106–125, S. 106.

Transaktionen zu verarbeiten. Somit entstehen die Engpässe für die Skalierbarkeit einer Blockchain durch den RAM-Speicher und den Festplattenspeicher.[43] Beispielsweise, beanspruchte die Bitcoin-Blockchain Anfang 2015 auf jedem beteiligten Netzwerkknoten noch etwa 28 GB freien Speicherplatz. Im Januar 2019, nur vier Jahre später, umfasst der Datenbestand bereits mehr als den siebenfachen Speicherbedarf mit fast 200 GB.[44]

Die beschriebene Skalierungsherausforderung führte zu alternativen Typen von Netzwerkknoten. Die bisher beschriebenen Knoten werden als Full Nodes bezeichnet, da es sich um Knoten handelt, die alle netzwerkbedingten Funktionen ausführen, z.B. die Speicherung der gesamten Blockchain und die Überprüfung aller Blöcke und Transaktionen. Simple Payment Verification (SPV)-Knoten sind eine kompakte Art von Knoten, die anstelle der gesamten Blockchain, lediglich die Block-Header speichern. Um die Existenz einer Transaktion im Block zu bestätigen lädt ein SPV den Merkle-Tree bzw. die Merkle-Root herunter. Der Merkle-Tree bindet die Transaktion an den dazugehörigen Block-Header.[45]

Wie in Abbildung 8 dargestellt, entsteht der Merkle-Tree durch verschlüsseln, dem sog. „hashen", von allen Transaktionen innerhalb eines Blocks. Dabei werden die Transaktionen in dem Block solange paarweise gehasht bis ein einziger Hashwert verbleibt.[46] Der dabei entstandene Hashwert wird als Merkle Root bezeichnet und ist im Block-Header gespeichert, dieser wird vom SPV-Knoten verwendet.[47]

---

[43]   Vgl. Franco, P. (2015): Understanding Bitcoin. Cryptography, Engineering and Economics, Chichester, West Sussex, S. 120 f.

[44]   Vgl. Blockchain: Blockchain Size, https://www.blockchain.com/de/charts/blocks-size?timespan=all&showDataPoints=true (16.6.2019).

[45]   Vgl. Franco, P. (2015): Understanding Bitcoin. Cryptography, Engineering and Economics, Chichester, West Sussex, S. 139 f.

[46]   Vgl. Brühl, V. (2017): Bitcoins, Blockchain und Distributed Ledgers, in: Wirtschaftsdienst, 97. Jg., H. 2, S. 135–142, S. 137.

[47]   Vgl. Franco, P. (2015): Understanding Bitcoin. Cryptography, Engineering and Economics, Chichester, West Sussex, S. 119.

Abbildung 8: Merkle Tree

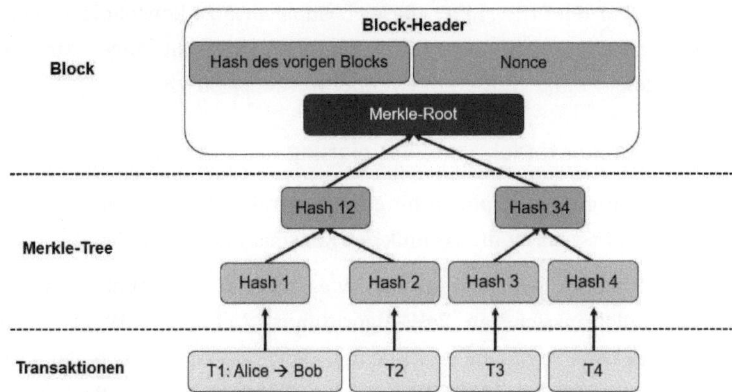

Quelle: Eigene Darstellung in Anlehnung an: P. Franco (2015): Understanding Bitcoin. Cryptography, Engineering and Economics, Chichester, West Sussex, The Wiley Finance Series, S. 118.

Alles in allem wird der SPV-Knoten weniger als ein Kilobyte Daten für den Block-Header speichern müssen. Eine Datenmenge, die um das Tausendfache kleiner ist als ein vollständiger Block[48] (etwa 1 Megabyte)[49]. SPV-Knoten reduzieren die Speicherkosten für Benutzer drastisch. Miner, die Full Nodes betreiben, sind die einzigen, die eine vollständige Kopie der Blockchain besitzen müssen. Die Größe der Blöcke hat jedoch noch weitere wichtige Auswirkungen. Große Blöcke brauchen mehr Zeit, um übertragen und im Netzwerk verteilt zu werden. Dadurch entstehen mehr widersprüchliche Blöcke. Diese Tatsache hat Auswirkungen auf die Widerstandsfähigkeit des Bitcoins gegenüber Doppelausgabeangriffen. Die Sicherheit verschlechtert sich deutlich, bevor die Bandbreitenbeschränkungen erreicht werden.[50]

---

[48] Vgl. Antonopoulos, A. M. (2015): Mastering Bitcoin, Sebastopol, CA, S. 175.

[49] Vgl. Blockchain: Bitcoin Charts & Graphs - Blockchain, https://www.blockchain.com/de/charts (8.7.2019).

[50] Vgl. Zohar, A. (2015): Bitcoin: Under the Hood, in: Communications of the ACM, 58. Jg., H. 9, S. 104–113, S. 112.

Neben SPV-Knoten gibt es noch weitere Lösungsansätze, die verhindern sollen, dass die Blockchain kontinuierlich wächst und letztlich zu einer kritischen Skalierbarkeit führt. Einer dieser Lösungsansätze konsolidiert die Blockchain auf den UTXO. Hierbei werden Transaktionen, die nicht länger zur Bestimmung des Guthabens eines Nutzers verwendet werden, gelöscht.[51]

2.4 Konsensfindung und Validierung

Ein wichtiger Grundpfeiler für ein dezentrales Netzwerk ohne vertrauenswürdige zentrale Instanz ist die Technik der Konsensfindung und Validierung.

Die Bitcoin-Blockchain nutzt wie bereits vorgestellt den weitestgehend manipulationssicheren PoW-Algorithmus. Ziel des PoW ist es, eine zufällige Zeichenkette zu finden, bis diese den Zielvorgaben für einen neu aufzunehmenden Block entsprechen. Als CPU-basiertes Verfahren hat die Rechengeschwindigkeit eines Miners maßgeblich Einfluss darauf, wie schnell das Rätsel für einen neuen Block gelöst und eine passende Nonce gefunden wird. Für das Einbringen von Rechenleistung wird der Miner mit neu geschöpften Bitcoins entlohnt, dies führt zu einem Wettbewerb immer mehr Leistung zu investieren. Theoretisch könnte somit die Generierung neuer Blöcke auf unter zehn Minuten reduziert werden, dies widerspricht jedoch dem Regelwerk der Bitcoin-Blockchain. Da sich bei einem verkürzten Intervall die Geldmenge im Netzwerk zu rasant erhöhen würde. Der Bitcoin löst diese Problematik, der neu hinzugekommenen Rechenkapazität, indem es die Schwierigkeit des Rätsels stetig erhöht. Somit erhöht sich für die Miner der Aufwand bei gleichzeitig geringeren Ertragsaussichten. Der wesentliche Aufwand zur Erbringung der Rechenleistung besteht neben der Hardware in der verbrauchten Energie. Dadurch ist das PoW-Konzept nicht für alle Blockchain-Anwendungen sinnvoll.[52] Deshalb wurden alternative Verfahren zur Konsensbildung entwickelt, die weniger ressourcenintensiv sind und sich auf andere Anwendungsgebiete wie der Bitcoin beziehen.

Im Gegensatz zum PoW basiert das Verfahren Proof-of-Stake (PoS) nicht auf das Lösen eines kryptografischen Rätsels. Stattdessen beruht der PoS auf dem Anteil an virtuellen Münzen einer Kryptowährung. Die Miner konkurrieren mit ihrer

---

[51] Vgl. Schütte, J. et al. (2017): Blockchain. Technologien, Forschungsfragen und Anwendungen, in: Fraunhofer, S. 10.

[52] Vgl. Schütte, J. et al. (2017): Blockchain und Smart Contracts – Technologien, Forschungsfragen und Anwendungen, in: Fraunhofer-Gesellschaft zur Förderung der angewandten Forschung, S. 17 f.

Beteiligung am Netzwerk und nicht mit der Rechenleistung. Ein Prozess, der keine große Mengen an Rechenleistung benötigt und gleichzeitig verspricht Sicherheit auf kostengünstige Weise zu erreichen.[53] Damit eine Transaktion authentifiziert und empfangen werden kann, muss ein Teil der Münze im Besitz eines Miners sein. Die Wahrscheinlichkeit, dass ein Miner bei der Erstellung eines neuen Blocks erfolgreich ist, hängt anschließend von der Menge der Münzen ab, die der Miner besitzt. Um die Sicherheit des Systems zu beeinträchtigen, müsste ein bösartiger Akteur über 50% der derzeit eingesetzten Münzen besitzen. Ein Vorteil von PoS gegenüber PoW ist die schnellere Transaktionsverarbeitung, die jedoch nicht frei von Herausforderungen ist. Eine der Herausforderungen beim PoS ist die Frage der Zentralisierung, da die Netzwerkteilnehmer mit großen Anteilen versuchen könnten, eine gewisse Dominanz über das Netzwerk zu erreichen.[54]

2.5 Private und öffentliche Blockchains

Blockchains werden basierend auf dem Zugriff der gespeicherten Daten unterschieden. Es gibt folgende Zugriffsebenen auf eine Blockchain:[55]

- Die Leserechte der Daten innerhalb der Blockchain - möglicherweise mit weiteren Einschränkungen.

- Die Schreibrechte, also das Erstellen neuer Transaktionsblöcke und Hinzufügen dieser in die Blockchain.

Aufgrund der verschiedenen Zugriffsebenen kann eine Blockchain als privates oder öffentliches Blockchain-Netzwerk klassifiziert werden. Innerhalb einer öffentlichen Blockchain gibt es keine Einschränkungen beim Lesen von Blockchain-Daten und beim Übermitteln von Transaktionen zur Aufnahme in die Blockchain. Netzwerknutzer verbergen sich als Pseudonyme hinter Public- und Private-Keys.[56] Die bekannteste öffentliche Blockchain ist die Bitcoin-Blockchain.

---

[53] Vgl. Meinel, C., Gayvoronskaya, T., Schnjakin, M. (2018): Blockchain. Hype Oder Innovation, Potsdam, S. 46.

[54] Vgl. Morabito, V. (2017): Business Innovation Through Blockchain, Cham, S. 11.

[55] Vgl. BitFury Group (2015): Public versus Private Blockchains. Part 1: Permissioned Blockchains, S. 10.

[56] Vgl. BitFury Group (2015): Public versus Private Blockchains. Part 1: Permissioned Blockchains, S. 10 f.

Eine private Blockchain dagegen ist ein geschlossenes Netzwerk, bei der ein direkter Zugriff auf Blockchain-Daten und das Übermitteln von Transaktionen auf eine vordefinierte Gruppe von Berechtigten beschränkt ist. Externe bzw. unbekannte Netzwerkteilnehmer haben weder Lese- noch Schreibrechte.[57]

Tabelle 1: Die Unterschiede einer öffentlichen und privaten Blockchain

Öffentliche Blockchain	Private Blockchain
Teilnehmer sind nicht notwendigerweise bekannt	Die Teilnehmer sind bekannt
Die Teilnehmer vertrauen sich nicht notwendigerweise	Die Teilnehmer vertrauen sich
Jeder kann ohne Erlaubnis einer Autorität Informationen lesen	Nur Befugte können Daten lesen
Jeder kann ohne Erlaubnis einer Autorität Informationen in die Blockchain schreiben	Nur Befugte können Daten in die Blockchain schreiben
Beispiel: Bitcoin-Blockchain	Beispiel: Ripple-Blockchain

Quelle: Eigene Darstellung in Anlehnung an: V. Morabito (2017): Business Innovation Through Blockchain, Cham, Springer International Publishing, S. 9.

Im nächsten Schritt werden öffentliche oder private Blockchains außerdem zwischen permissioned und permissionless unterschieden.

Die permissioned („genehmigungspflichtige") Blockchain erlaubt nur vordefinierten Entitäten die Übermittlung und Validierung von Daten, während die restlichen Netzwerkteilnehmer lediglich Leserechte besitzen.[58] Die vordefinierten Entitäten werden von dem Inhaber der permissioned Blockchain festgelegt. Dies ermöglicht es nur bestimmten Akteuren, wie beispielsweise Banken, neue Transaktionsblöcke anzulegen und hinzuzufügen. Somit wird die Integrität des Ledgers von festgelegten Netzwerkteilnehmern mittels eines Konsensalgorithmus überprüft.

---

[57] Vgl. BitFury Group (2015): Public versus Private Blockchains. Part 1: Permissioned Blockchains, S. 10.

[58] Vgl. Walport, M. (2015): Distributed Ledger Technology: beyond block chain, in: Government Office for Science, S. 17.

Die Begriffe permissioned und privat werden oftmals als synonym verwendet. Tatsächlich könnte eine permissioned Blockchain entweder privat oder öffentlich sein.[59] Ein Bankenkonsortium, das solch eine permissioned Blockchain nutzt, könnte diese weitestgehend öffentlich zugänglich machen, wodurch Regulierungsbehörden vollen Lesezugriff erlangen und ein hohes Level an Compliance, Aufsicht und Vertrauenswürdigkeit entsteht.

Bei einer permissionless („genehmigungsfreie") Blockchain dagegen gibt es keine Einschränkungen in den Berechtigungen der Netzwerkteilnehmer, somit kann jeder Teilnehmer Daten übermitteln, validieren und lesen.[60] Jedoch sind die Nutzer durch kryptografische Verschlüsselungen anonymisiert.

2.6 Smart Contracts

Smart Contracts wurden erstmals in den neunziger Jahren als computergestütztes Protokoll, das die Bedingungen eines Vertrags ausführt, definiert.[61] Ein Smart Contract kodiert die Bedingungen eines herkömmlichen Vertrags in ein Computerprogramm und führt diese automatisch aus. Dabei verwenden Smart Contracts die "Wenn-Dann"-Logik. Mit der Blockchain-Technologie können sich solche Verträge selbst ausführen und durchsetzen, ohne dass Intermediäre erforderlich sind.[62]

Abbildung 9 veranschaulicht den Prozess eines Smart Contracts. Zunächst einigen sich die Vertragsparteien auf einen Vertrag, dessen Bedingungen dann durch einen Smart Contract in die Blockchain integriert und automatisiert werden.

---

[59] Vgl. BitFury Group (2015): Public versus Private Blockchains. Part 1: Permissioned Blockchains, S. 10 f.

[60] Vgl. Walport, M. (2015): Distributed Ledger Technology: beyond block chain, in: Government Office for Science, S. 17.

[61] Vgl. Szabo, N. (1997): Formalizing and Securing Relationships on Public Networks, in: First Monday, 2. Jg., H. 9.

[62] Vgl. Morabito, V. (2017): Business Innovation Through Blockchain, Cham, S. 15.

Abbildung 9: Ablauf eines Smart Contracts

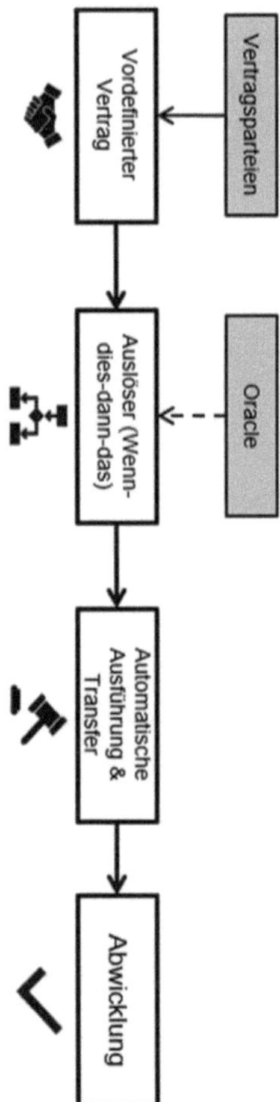

Quelle: Eigene Darstellung.

Smart Contracts können sich zusätzlich auf externe Datenquellen stützen, die als „Oracle" bezeichnet werden. Oracle-Dienste sind Drittanbieter, die das Ergebnis von Ereignissen überprüfen und die Daten an Smart Contracts weiterleiten. Je nach weitergeleiteter Information wird ein Smart Contract ausgeführt oder nicht. Oracles sind eine mögliche Lösung, wie Ereignisse aus der physischen Welt zuverlässig im digitalen Bereich registriert werden können.[63] Ein Beispiel für eine Quelle von vertrauenswürdigen Informations-Feeds ist das Bloomberg-Terminal.[64] Dies bedeutet jedoch, dass der Smart Contract nicht mehr vollständig dezentralisiert ist, da der Datenfeed von einer einzelnen Entität gesteuert wird. Diese Entität bzw. das Oracle könnte den relevanten Datenfeed manipulieren. Somit erfordert ein Smart Contract in Kombination mit einem Oracle ein gewisses Maß an Vertrauen gegenüber der externen Datenquelle. Natürlich können mehrere Oracles verwendet werden, so dass der Datenfeed nicht von nur einer Entität allein manipuliert werden kann. Dies führt jedoch zu einer erhöhten Komplexität des Smart Contract und dazu, dass die Vertragsparteien mehreren Oracles vertrauen müssen.

Smart Contracts reduzieren das Risiko von Fehlern oder Manipulationen und schaffen vertragliches Vertrauen zwischen den beteiligten Parteien. Sie haben jedoch auch ihre Nachteile. Zu den wichtigsten Herausforderungen, die von Rechtsexperten genannt werden, gehört zunächst die fragwürdige rechtliche Durchsetzbarkeit von Smart Contracts. Dies wirft die Frage auf, ob die Verträge rechtsverbindlich sind oder nicht. Des Weiteren hängt ihre Unwiderruflichkeit von der Schwierigkeit ab, die Aufhebung eines Vertrags über die digitale Selbstausführung zuzulassen. Außerdem vom Schutz personenbezogener Daten, da in öffentlichen Blockchain-Netzwerken alle Netzwerkknoten Zugriff auf sämtliche Daten haben.[65]

2.7 Colored Coins

Das Konzept der Colored Coins nutzt eine bestehende Blockchain-Infrastruktur, wie die des Bitcoins, um darauf reale Vermögenswerte zu emittieren. Hierzu wird ein bestimmter Bitcoin durch das Hinzufügen von Metadaten „eingefärbt", somit lässt sich diese bestimmte Münze von anderen Bitcoins unterscheiden und verfolgen. Anschließend verkörpert der Colored Coin einen vom Emittenten vorgegebenen realen Vermögenswert - unabhängig vom Nennwert der zugrunde liegenden Bitcoins. Dieser reale Vermögenswert in Form eines Colored Coins kann

---

[63] Vgl. Bogart, S., Rice, K. (2015): Internet/Financial Technology. The Blockchain Report: Welcome to the Internet of Value, in: Needham, S. 17.

[64] Vgl. Morabito, V. (2017): Business Innovation Through Blockchain, Cham, S. 107.

[65] Vgl. Meinel, C., Gayvoronskaya, T., Schnjakin, M. (2018): Blockchain. Hype Oder Innovation, Potsdam, S. 64–66.

über das bestehende Netzwerk gehandelt und transferiert werden. Eine zentrale Autorität ist obsolet.[66]

Colored Coins werden von spezialisierten Wallets verwaltet, die die Metadaten der "eingefärbten" Bitcoins aufzeichnen und auswerten. Mit einer solchen Wallet wandelt der Benutzer eine Anzahl von ungefärbten Bitcoins in Colored Bitcoins um, indem er Metadaten mit einer besonderen Bedeutung hinzufügt.[67] Beispielsweise könnten diese Daten eine Art WKN von real existierenden Aktien oder Anleihen repräsentieren. Es liegt ganz bei den Emittenten von Colored Coins, die Bedeutung der "Farbe", die bestimmten Münzen zugeordnet ist, zu bestimmen.

Auf Colored Coins basierende Vermögenswerte erhalten ihren Wert durch das reale Versprechen der Asset-Emittenten, dass sie bereit sind, das digitale Token gegen etwas von Wert in der realen Welt einzutauschen. Die Benutzer messen nur digitalen Token einen Wert bei, die nachweislich von einem seriösen Unternehmen oder einer Person emittiert wurden. Die Überprüfung der Echtheit von Vermögenswerten ist daher das Kernelement des Leistungsversprechens, das Colored Coins bietet. Zur Verifizierung des Emittenten nutzt das Colored Coins Protokoll die bestehende Blockchain-Infrastruktur und somit Public-Key-Kryptographie bzw. digitale Signaturen.[68]

Der Nachteil von Colored Coins besteht darin, dass die Merkmale und Funktionen direkt auf die jeweilige Blockchain beschränkt sind. Somit könnte bei einer breiten Anwendung eines solchen Konzepts eine kritische Skalierbarkeit innerhalb der Bitcoin-Blockchain bestehen.[69]

2.8 Sidechains

Sidechains sind alternative Blockchains die über einen Two-Way-Peg mit der Parentchain, beispielsweise der Bitcoin-Blockchain, verbunden sind. Das Konzept ermöglicht den Transfer von Kryptowährungen oder Vermögenswerten von einer Blockchain zur anderen zu einem festen oder anderweitig deterministischen Wechselkurs. Durch die Wiederverwendung der Währung von Bitcoin können

---

66 Vgl. Weber, R. H., Thouvenin, F. (Hrsg.) (2015): Rechtliche Herausforderungen durch webbasierte und mobile Zahlungssysteme, Zürich, S. 20 f.

67 Vgl. Antonopoulos, A. M. (2015): Mastering Bitcoin, Sebastopol, CA, S. 221.

68 Vgl. Buterin, V., Rosenfeld, M.: Colored Coins, https://github.com/Colored-Coins/Colored-Coins-Protocol-Specification/wiki/Benefits (9.8.2019).

69 Vgl. Bogart, S., Rice, K. (2015): Internet/Financial Technology. The Blockchain Report: Welcome to the Internet of Value, in: Needham, S. 7.

diese Systeme leichter miteinander interagieren. Der Mechanismus des Two-Way-Peg wird nach symmetrischer und asymmetrischer SPV[70]-Proof (Transaktionsverifizierung) unterschieden. Bei einem symmetrischen Two-Way-Peg erfolgt die Transaktionsverifizierung sowohl auf der Parentchain als auch auf der Sidechain. Dahingegen werden Transaktionen bei dem asymmetrischen Verfahren nur auf der Parentchain verifiziert. Das bedeutet, die Parentchain macht eine SPV-Verifizierung der Sidechain-Daten, jedoch erfordern Übertragungen von der übergeordneten Chain zur Sidechain keine SPV-Proofs.[71]

Bei Sidechains handelt es sich um getrennte Systeme, wodurch technische und wirtschaftliche Innovationen nicht behindert werden. Trotz der bidirektionalen Übertragbarkeit zwischen Bitcoin und angegliederten Sidechains sind diese isoliert. Im Falle eines kryptographischen Fehlers oder einer bösartigen Programmierung innerhalb einer Sidechain ist der Schaden vollständig auf die Sidechain selbst beschränkt. Die Sidechain-Technologie birgt jedoch auch Nachteile. Eine bestehende Infrastruktur wird durch Anwendung einer Sidechain zunehmend komplex und infolgedessen erhöht sich das Risiko für betrügerische Übertragungen.[72]

---

[70] Siehe Kapitel 2.3. SPV – Simplified Payment Verification. Verifizierung einer Transaktion durch den Block-Header.

[71] Vgl. Meinel, C., Gayvoronskaya, T., Schnjakin, M. (2018): Blockchain. Hype Oder Innovation, Potsdam, S. 62.

[72] Vgl. Back, A. et al. (2014): Enabling Blockchain Innovations with Pegged Sidechains, 1,11-12.

3 Smart Bonds

3.1 Potenzial der Blockchain-Technologie im Kapitalmarkt

Das Hauptpotenzial der Blockchain-Technologie liegt in ihren Eigenschaften als verteilte Datenbank (DLT) und darin, wie sie Transparenz, Sicherheit und Effizienz verbessern kann. In der Vergangenheit nutzten Unternehmen Datenbanken als zentrale Datenspeicher, um die Verarbeitung und Berechnung von Transaktionen zu unterstützen. Die Kontrolle über die Datenbank lag bei ihrem Eigentümer, der den Zugriff und die Updates verwaltete. Dies schränkte die Transparenz für Außenstehende ein, die keine Möglichkeit hatten, Daten auf Manipulationen zu untersuchen. Eine verteilte Datenbank war aufgrund technologischer Einschränkungen unmöglich. Dank der Blockchain-Technologie kann die Datenbank nun auf mehrere Organisationen verteilt werden.

Die verteilte Datenbank einer Blockchain hat folgende Vorteile gegenüber einer herkömmlichen zentralisierten Datenbank:[73]

- Sicherheit: Eine Blockchain verwendet verschlüsselte Signaturen, um Transaktionen zu validieren, indem die Identität der an einer Transaktion beteiligten Parteien überprüft wird. Dadurch wird sichergestellt, dass eine fehlerhafte Transaktion nicht ohne Zustimmung der beteiligten Parteien in die Blockchain aufgenommen werden kann. Die Tatsache, dass der aktuelle Zustand der Blockchain von früheren Transaktionen abhängt, stellt sicher, dass ein bösartiger Akteur vergangene Transaktionen nur unter hohen Aufwand manipulieren kann.

- Transparenz: Die Blockchain als eine verteilte Datenbank wird von mehreren Netzwerkknoten verwaltet und synchronisiert. Darüber hinaus müssen die Transaktionsdaten zwischen den Parteien konsistent sein, um überhaupt in die Blockchain aufgenommen zu werden. Die gleichen Zugriffsrechte auf exakt die gleiche Datenbank erhöht die Transparenz im Vergleich zu herkömmlichen Systemen erheblich.

---

[73] Vgl. Schneider, J. et al. (2016): Blockchain. Putting Theory into Practice, in: Goldman Sachs, S. 9.

- Effizienz: Die Verwaltung mehrerer Kopien einer Datenbank mit Blockchain
  scheint grundsätzlich nicht effizienter als eine einzige, zentralisierte
  Datenbank. In vielen Praxisbeispielen unterhalten jedoch mehrere Parteien
  bereits doppelte Datenbanken mit Informationen über dieselben
  Transaktionen. Dies führt dazu, dass kostspielige und zeitaufwändige
  Abstimmungsverfahren zwischen Unternehmen erforderlich sind. Der
  Einsatz einer Blockchain kann den Bedarf an manuellem Abgleich
  reduzieren und so Einsparungen für alle involvierten Unternehmen mit
  sich bringen.

Wie in Abbildung 10 dargestellt, erfordert die derzeitige Kapitalmarktstruktur mehrere Intermediäre und kann nach Handel und Post-Trade unterschieden werden. Die Dauer der Abwicklung eines Wertpapiergeschäfts ist je nach Region unterschiedlich.

Ein Wertpapierkauf/-verkauf wird durch einen Aktionär initiiert, der die entsprechende Order an seine Bank oder Broker sendet. Anschließend leitet die Bank den Auftrag an die Börse weiter. Sobald sich Verkäufer und Käufer über einen Handel an einer Börse geeinigt haben, wird die Transaktion im Clearing durch eine zentrale Gegenpartei (engl.: Central Counterparty, CCP) abgewickelt. Im Nachhandel erfolgt während des Settlements die eigentliche Übertragung von Wertpapieren in das Bankdepot des Kunden. Dies erfolgt durch den Zentralverwahrer (engl.: Central Securities Depository, CSD) nach dem Prinzip der Lieferung gegen Zahlung (engl.: Delivery versus Payment, DvP).[74] Diese komplexe Struktur ist der Grund, weshalb die Abwicklung von Wertpapieren ein kostspieliger und zeitintensiver Prozess ist.[75]

---

[74] Vgl. Deutsche Börse Group (2019): Zentralverwahrer. Geld und Wertpapiere effizient und sicher buchen und verwahren, S. 1 f.

[75] Vgl. Yermack, D. (2017): Corporate Governance and Blockchains, in: Review of Finance, 22. Jg., 7-31, 19.

Abbildung 10: Handel, Clearing und Settlement

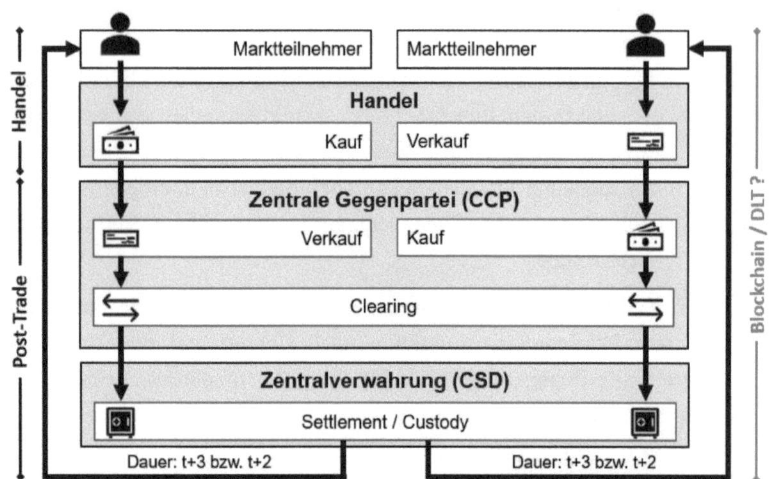

Quelle: Eigene Darstellung in Anlehnung an: Deutsche Börse Group (2019): Zentralverwahrer. Geld und Wertpapiere effizient und sicher buchen und verwahren, S. 2.

Die Blockchain-Technologie scheint ideal geeignet zu sein, um die aktuellen Strukturen des Kapitalmarktes zu verändern. Gegenwärtig sind Kapitalmärkte auf einen vertrauenswürdigen Intermediär angewiesen, um die Authentizität einer Transaktion zu gewährleisten. Als P2P-System ermöglicht die Blockchain-Technologie sichere Transaktionen, ohne dass eine vertrauenswürdige zentrale Instanz erforderlich ist. Die Blockchain wirkt sich damit besonders stark auf das Nachhandelssegment aus.

Die Anwendung der DLT kann den aktuellen Clearing- und Abrechnungszyklus weitreichend verändern. Die Technologie kann zur Kostensenkung und Verkürzung des Zeitaufwands für das Clearing und die Abwicklung von Wertpapiergeschäften führen. Theoretisch könnten das Clearing und das Settlement mit DLT fast zeitgleich erfolgen, da Handelsbestätigung, Zuordnung und Abwicklung in einem Schritt zusammengefasst werden könnten und Abstimmungen praktisch überflüssig würden.[76] Ein zeitgleiches Clearing und Settlement eliminiert das

---

[76] Vgl. o.V. (2017): The Distributed Ledger Technology Applied to Securities Markets, in: European Securities and Markets Authority, S. 5.

Gegenparteirisiko und minimiert operationelle Risiken. Dies führt jedoch auch dazu, dass fehlerhafte Transaktionen nicht rechtzeitig storniert werden können.

Gewöhnlich benötigen Wertpapiergeschäfte für die Abwicklung drei Werktage in den USA und zwei Werktage in Europa. Im Rahmen dessen sind zahlreiche Intermediäre beteiligt, bevor die Abwicklung erfolgt und das Eigentum formell vom Verkäufer auf den Käufer übergeht.[77] Die Blockchain-Technologie könnte das Clearing und Settlement von Wertpapieren auf nur zehn Minuten erheblich reduzieren.[78]

Bis zu 10% aller Wertpapiertransaktionen sind verschiedenen Fehlern ausgesetzt, was zu manuellen Eingriffen führt und die für die Abwicklung benötigte Zeit verlängert.[79] Die Kosten für die globale Post-Trade-Abwicklung liegen für die Branche zwischen 17 und 24 Milliarden US-Doller pro Jahr.[80] Die Verwendung von Smart Contracts, könnte die Durchsetzung von Vertragsbedingungen sowie die Automatisierung von Backoffice-Prozessen verbessern und letztlich Kosten einsparen.

Berechnungen von Goldman Sachs zufolge kann durch die Anwendung von Blockchain-Technologie auf das Clearing und das Settlement, die Branche weltweit elf bis zwölf Milliarden US-Dollar an Gebühren, Betriebskosten und Kapitalkosten einsparen.[81]

Weitere wichtige Ausgaben für Kapitalmarktunternehmen sind die Einhaltung von Know-Your-Customer (KYC) und Geldwäschegesetzen (engl.: Anti Money Laundering, AML), die sich für die wichtigsten Kapitalmarktakteure auf über zwölf Milliarden US-Dollar pro Jahr belaufen.[82] Durch die Speicherung von Konto- und Zahlungsinformationen in einer Blockchain können die für ein Konto erforderlichen Daten standardisiert und damit die Datenqualität verbessert werden. Außerdem kann die DLT die Erfassung von Wertpapieren und die

---

[77] Vgl. Seretakis, A. L. (2017): Blockchain, Securities Markets and Central Banking, in: Regulating Blockchain. Techno-Social and Legal Challenges, S. 9.

[78] Vgl. Arnold, M., Bullock, N. (2015): Nasdaq claims to break ground with blockchain-based share sale, in: Financial Times.

[79] Vgl. Schneider, J. et al. (2016): Blockchain. Putting Theory into Practice, in: Goldman Sachs, S. 5.

[80] Vgl. Gokey, T. (2015): The Path to a Post-Trade Utility, in: banking technology, S. 1.

[81] Vgl. Schneider, J. et al. (2016): Blockchain. Putting Theory into Practice, in: Goldman Sachs, S. 5.

[82] Vgl. Chan, K., Milne, A. (2019): The Global Legal Entity Identifier System: How Can It Deliver?, in: Journal of Risk and Financial Management, 12. Jg., H. 1, S. 26.

Verwahrung bestimmter Vermögenswerte erleichtern. Die manipulationssichere Aufzeichnung erleichtert somit den Nachweis zur Einhaltung der Geldwäschevorschriften[83], da die Rückverfolgbarkeit von Transaktionen verbessert und das endgültige Eigentum transparent gemacht wird.

Die Kosteneinsparungen durch vereinfachte KYC-Prozesse und eine verbesserte AML belaufen sich auf drei bis fünf Milliarden US-Dollar.[84]

Die oben erwähnten Kosten einschließlich der Potenziale zur Kosten- und Zeitersparnis durch den Einsatz der Blockchain im Kapitalmarkt sind in Tabelle 2 zusammengefasst.

Tabelle 2: Kostensenkung durch Anwendung der Blockchain

Bereich	Kosten (Mrd. USD)	Kosteneinsparung	
		Absolut (Mrd. USD)	Relativ
Handel	Reduzierung des Zeitaufwandes auf zehn Minuten, anstelle von t+3 bzw. t+2.		
Nachhandel	17 - 24	11 - 12	50 - 64 %
KYC und AML	12	3 - 5	25 - 42 %

Quelle: Eigene Darstellung.

3.2 Entwicklungsstand im Kapitalmarkt

Das Potenzial der Technologie ist so groß, dass über 80 der weltweit größten Finanzinstitute sich zu einem Konsortium, unter der Führung von dem FinTech R3 zusammengeschlossen haben. Die Bemühungen des Konsortiums haben zur Schaffung einer Blockchain-Plattform für verteilte Ledger namens Corda geführt, die darauf ausgelegt ist, finanzielle Ereignisse zu erfassen und Smart Contracts auszuführen.[85]

---

[83] Vgl. Schneider, J. et al. (2016): Blockchain. Putting Theory into Practice, in: Goldman Sachs, S. 5.

[84] Vgl. Schneider, J. et al. (2016): Blockchain. Putting Theory into Practice, in: Goldman Sachs, S. 5.

[85] Vgl. Seretakis, A. L. (2017): Blockchain, Securities Markets and Central Banking, in: Regulating Blockchain. Techno-Social and Legal Challenges, S. 8.

Die Venture Capital Deals und Volumina deuten ebenfalls auf ein großes Interesse an der Blockchain-Technologie hin. Im Jahr 2018 wurden mehr als 800 Transaktionen mit einer Investitionssumme von rund 4,1 Milliarden US-Dollar abgeschlossen. Im Vergleich dazu wurde in den Vorjahren 2017 und 2016 mit rund 1,2 bzw. 0,7 Milliarden US-Dollar wenig investiert.[86]

---

[86] Vgl. o.V. (2019): Blockchain Trends In Review, in: CBInsights.

Abbildung 11: Gartner Hype Cycle 2019: Blockchain

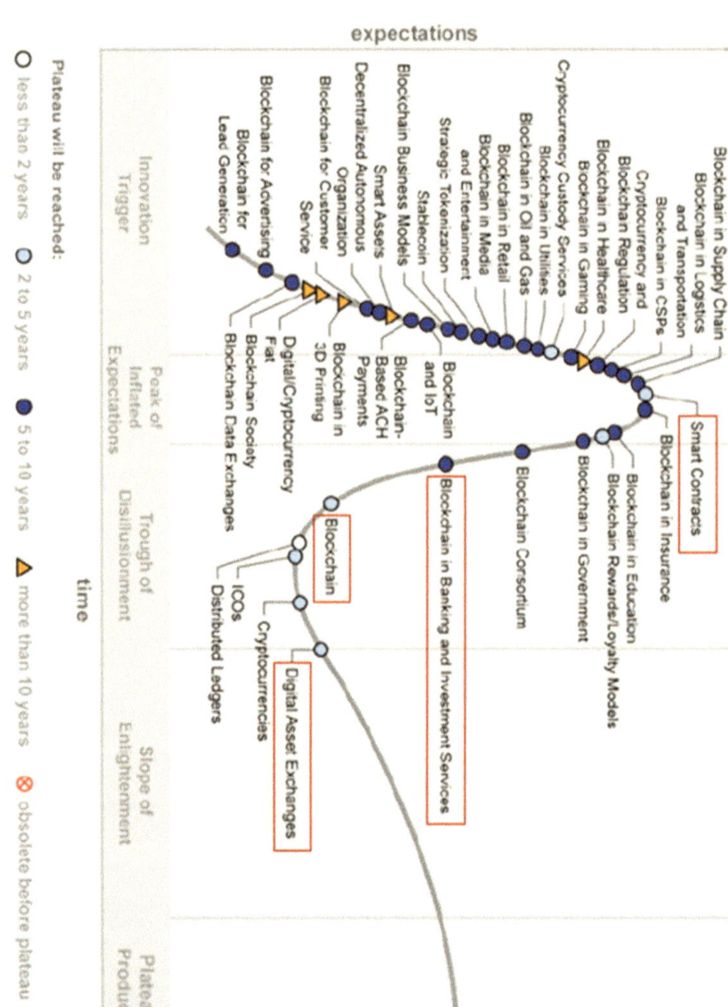

Quelle: M. Rimol (2019): Gartner 2019 Hype Cycle for Blockchain Business Shows Blockchain Will Have a Transformational Impact across Industries in Five to 10 Years. URL: https://www.gartner.com/en/newsroom/press-releases/2019-09-12-gartner-2019-hype-cycle-for-blockchain-business-shows (03.10.2019).

Der aktuelle Hype Cycle von Gartner in Abbildung 11 zeigt, dass sich die Blockchain-Technologie innerhalb der Finanzindustrie noch in einem frühen Experimentierfeld befindet. Der Reifegrad einzelner Anwendungen kann sehr stark schwanken. Blockchain-Anwendungen im Banking bewegen sich in den nächsten fünf bis zehn Jahren Richtung „Plateau der Produktivität". Andere Blockchain-Segmente wie „Smart Contracts" und „Digital Asset Exchanges" sind nach Gartner schon fortgeschrittener in ihrem Reifegrad und erreichen nach Schätzungen in zwei bis fünf Jahren ein produktives Niveau.

Mehrere Banken und Finanzinstitute testen neue Blockchain-Systeme, die darauf abzielen, die Kosten und Komplexität der Wertpapierabwicklung zu reduzieren.[87] Im Extremszenario verändert die DLT die aktuelle Marktstruktur vollständig und macht derzeit notwendige Finanzintermediär komplett obsolet. Wie beim Bitcoin könnten die Marktteilnehmer dann, ohne Beteiligung von Finanzintermediären, direkt miteinander handeln und sofort Vermögenswerte austauschen.

Hierzu konnte in den letzten Jahren eine wachsende Zahl von völlig dezentralen Börsenkonzepten und Marktplattformen beobachtet werden.

Augur und Gnosis wollen Prognosemärkte dezentralisieren, indem sie marktwirtschaftliche Rahmenbedingungen auf der Ethereum-Plattform aufbauen. Darüber hinaus gibt es mehrere dezentrale Marktplattformen wie Bancor, Bitsquares, CryptoBridge, OpenLedger DEX oder die Waves-Plattform, die es Investoren ermöglichen sollen, Krypto-Assets und -Währungen ohne Beteiligung von Intermediären zu handeln. Im Finanzsektor zielen Start-ups wie BitShares, Polymath oder Sharevest darauf ab, den Handel mit finanziellen Vermögenswerten in einer vollständig dezentralen Umgebung zu ermöglichen. Darüber hinaus gibt es hybride Ansätze, die dezentrale und zentralisierte Elemente kombinieren. IDEX beispielsweise beschränkt Blockchain-basierte Prozesse auf die Abwicklung von Transaktionen und verwendet einen zentralen Server, um Kontensalden zu aktualisieren und Aufträge abzugleichen.[88]

---

[87] Vgl. Anna, I. (2019): Exclusive:. Banks to invest around $50 million in digital cash settlement project - sources, in: Reuters.

[88] Vgl. Notheisen, B. et al. (2019): Trading Stocks on Blocks: the Quality of Decentralized Markets, in: Karlsruhe Institute of Technology (KIT) Working Paper Series in Economics, H. 129, S. 4.

Am 23. August 2018 hat die Weltbank eine zweijährige Anleihe über 110 Millionen AUD mit Blockchain-Technologie ausgegeben. Dieser in der Einleitung bereits erwähnte weltweit erste Smart Bond weist nochmals auf den recht jungen Entwicklungsstand der Blockchain-Technologie hin. Die Emission mit weniger als 1% des durchschnittlichen jährlichen Kreditaufnahmeprogramms der Weltbank hat keinen Einfluss auf das Kreditprofil der Bank. Trotzdem zeigt der Erfolg der Transaktion, das allgemeine Potenzial der DLT zur Senkung der Transaktionskosten und zur Verbesserung der Effizienz auf den internationalen Kapitalmärkten. Infolgedessen profitieren sowohl der Emittent als auch dem Arrangeur (hier: Commonwealth Bank of Australia), indem Abrechnungen vereinfacht und sofortige Transaktionen zwischen Marktteilnehmern angeboten werden. Hierdurch wird der Zeit- und Ressourcenaufwand für die Abstimmung begrenzt und die Markteffizienz erhöht. Die Weltbank emittiert jährlich zwischen 50 und 60 Milliarden US-Dollar an Anleihen. Angesichts des Geschäftsmodells der Weltbank könnte eine erhebliche Reduzierung der Transaktionskosten potenziell zu niedrigeren Kosten für die Länder führen, denen die Weltbank Kapitalmittel zur Verfügung stellt.[89]

3.3 Darstellung und Struktur

Sowohl öffentliche als auch private Wertpapieremissionen können über die Blockchain-Technologie realisiert werden. Die physischen Dokumente des traditionellen Ausgabeprozesses werden durch digitale Assets auf einer Blockchain-Plattform ersetzt.[90]

Eine solche Plattform könnte entweder durch die Entwicklung einer neuen Blockchain-Plattform oder durch Hinzufügen einer Metaebene auf der Basis bestehender Protokolle ermöglicht werden, wie in Abschnitt 2.7 mit Colored Coins beschrieben.

---

[89] Vgl. o.V. (2018): IBRD (World Bank). Success of blockchain bond demonstrates potential of distributed ledger technology, in: Moody's, S. 1.

[90] Vgl. Vakta, T., Maheswari, A., Mohanan, N. U. (2016): Blockchain Disruption in Security Issuance. Enabling the issuance of fully digitized smart securities, in: Capgemini, S. 7.

Ein Beispiel für diesen Bereich ist die vom britischen FinTech Nivaura angebotene Blockchain-Plattform, die vollständig durch die britische Finanzaufsichtsbehörde genehmigt wurde.[91] Über diese Plattform platzierte die Bank Santander einen einjährigen Smart Bond in Höhe von 20 Millionen US-Dollar.[92]

Das verteilte Ledger enthält den Zustand und die Historie der Transaktionssätze. Dabei verwendet die Blockchain Kryptographie mittels computerbasierter Verschlüsselungstechniken wie Public/Private Keys und Hash-Funktionen, um Assets zu speichern und Transaktionen zu validieren. Die auf einer öffentlichen Blockchain-Plattform ausgeführten Transaktionen sind unveränderlich und transparent. Bei einer von privaten Akteuren kontrollierten privaten Blockchain-Lösung kann die Unveränderlichkeit nicht garantiert werden, da die Teilnehmer die Transaktionsdatensätze modifizieren können. Die Transaktionen werden dezentral von verteilten Netzwerkknoten abgewickelt, die das bisherige System am Kapitalmarkt, bestehend aus Zentralverwahrer, Clearingstelle und Depotbank, ersetzt.[93]

---

91 Vgl. Kögler, A. (2018): Nivaura bringt Blockchain in die Geldanlage, in: DerTreasurer.
92 Vgl. o.V. (2019): Santander launches the first end-to-end blockchain bond, in: Santander.
93 Vgl. Vakta, T., Maheswari, A., Mohanan, N. U. (2016): Blockchain Disruption in Security Issuance. Enabling the issuance of fully digitized smart securities, in: Capgemini, S. 7 f.

Abbildung 12: Struktur einer herkömmlichen Anleihe

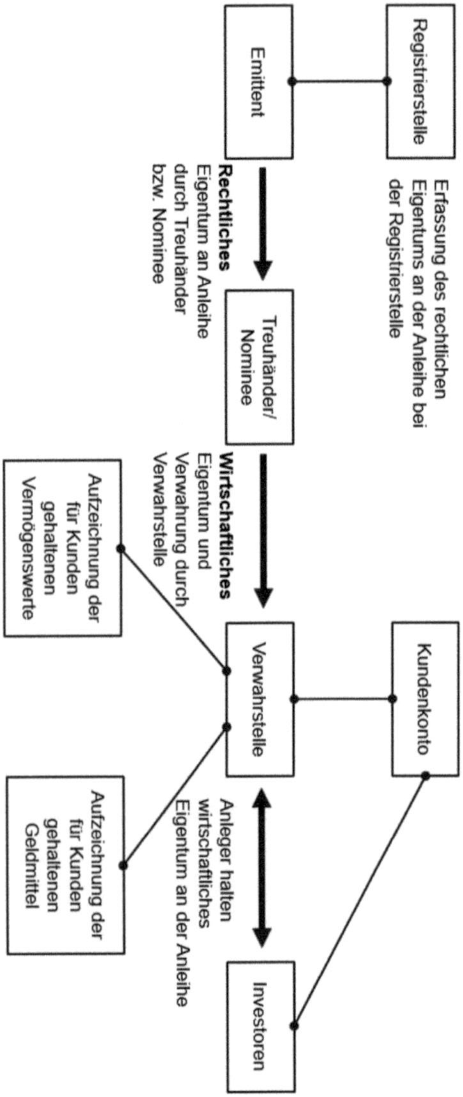

Quelle: Eigene Darstellung in Anlehnung an: R. Cohen et al. (2018): Automation and blockchain in securities issuances, in: Butterworths Journal of International Banking and Financial Law, S. 144–150, S. 144.

Abbildung 12 zeigt vereinfacht die Struktur einer regulären, privat platzierten und registrierten Euroanleihe, die über die Clearingsysteme abgewickelt wird. Einige Marktteilnehmer entscheiden sich auch für die Vertretung durch einen Treuhänder („Nominee"), der die Anleihegläubiger vertritt und ihre Interessen schützt. Die Aufteilung zwischen rechtlichem und wirtschaftlichem Eigentum an der Anleihe erfolgt durch Eintragung des Treuhänders bei der Registrierstelle. Die Eintragung wird durch die Ausstellung einer Globalurkunde belegt, welche die gesamte Anleiheemission verbrieft. Die Bedingungen der Globalurkunde machen deutlich, dass der Nominee zwar das rechtliche Eigentum hält, wohingegen aber die Kontoinhaber in den Clearingsystemen das wirtschaftliche Eigentum besitzen.[94] Der letztendlich wirtschaftlich Berechtigte verwaltet seine Anleihe über eine Verwahrstelle, die der Kontoinhaber im Clearingsystem ist. Die Tilgungs- und Zinszahlungen aus den Anleihen erfolgen durch den Emittenten über eine Zahlstelle, üblicherweise eine große internationale Bank. Dabei fließen die Zahlungen vom Emittenten an die Zahlstelle, die die Zahlung über die Clearingsysteme weiterleitet, wo sie letztlich an den Anleihegläubiger übergeht. Dementsprechend müssen die Zahlungen vom Emittenten an die Zahlstelle, zu den Clearingsystemen und dann möglicherweise an eine oder mehrere Verwahrstellen gehen, bevor sie schließlich bei der berechtigten Person eingehen.[95]

3.3.1 Darstellung und Struktur mit Blockchain-Technologie

Als nächstes werden zwei Varianten von Anleihen mit Blockchain-Technologie vorgestellt. Beide Anleihen werden über eine digitale Handelsplattform, die mit einer Blockchain verbunden ist, emittiert. Die Betreiber einer solchen Blockchain-Plattform können sowohl traditionelle Wertpapieremittenten als auch FinTechs sein. Die erste Variante (Abbildung 13) bietet ein Modell für die Tokenisierung von Fiatgeld. Die zweite Variante (Abbildung 14) hingegen erklärt eine Anleihe, die vollständig über eine öffentliche Blockchain unter Verwendung von Smart Contracts abgewickelt wird.

---

[94] Vgl. Cohen, R., Sehra, A., Smith, P. (2018): Banking on the blockchain, in: International Financial Law Review, S. 42–46, S. 44.

[95] Vgl. Cohen, R. et al. (2018): Automation and blockchain in securities issuances, in: Butterworths Journal of International Banking and Financial Law, S. 144–150, S. 144 f.

Ein wichtiger Unterschied besteht in Bezug auf die Art der digitalen Vermögenswerte in einer Blockchain. Dabei wird unterschieden zwischen nativen Assets innerhalb der Kette und digitalen Darstellungen eines bestehenden Off-Chain-Assets. Im ersten Fall (Abbildung 13) wird eine Off-Chain-Anlage digitalisiert und durch ein Token im verteilten Ledger-Netzwerk repräsentiert. Durch diesen Prozess der sogenannten Tokenisierung kann nahezu jedes Vermögen digital dargestellt und in einem verteilten Ledger gehandelt werden. Im letzteren Fall (Abbildung 14) wird die Anleihe direkt in der Blockchain ausgegeben und seine Existenz durch das verteilte Ledger definiert.[96] Solche Tokens werden wie Colored Coins erstellt (Kapitel 2.7) und oft als Synonyme verwendet.[97]

---

[96] Vgl. Hileman, G., Rauchs, M. (2017): Global Blockchain Benchmarking Study, in: Cambridge Centre for Alternative Finance, S. 64.

[97] Vgl. Michael Borkowski et al. (2018): Towards Atomic Cross-Chain Token Transfers: State of the Art and Open Questions Within TAST, S. 2.

Abbildung 13: Struktur einer Anleihe mit Blockchain-Technologie

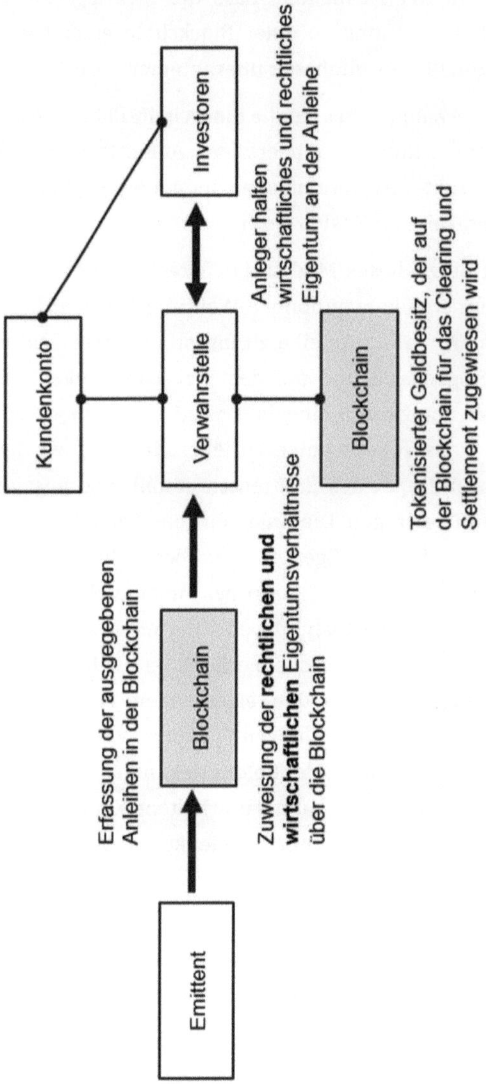

Quelle: Eigene Darstellung in Anlehnung an: R. Cohen, A. Sehra, P. Smith (2018): Banking on the blockchain, in: International Financial Law Review, S. 42–46, S. 45.

Die verwendete Struktur in Abbildung 13 ähnelt die einer herkömmlichen, privat platzierten Anleihe. Mit der Ausnahme, dass die Clearingsysteme durch eine Handelsplattform mit Verbindung zu einer Blockchain ersetzt wurden und die Rolle der Zahlstelle vom Plattforminhaber übernommen wird.

Dies liegt daran, dass die Zahlungen über die Blockchain-Plattform und letztendlich in der realen Welt über das Kundenkonto erfolgen. Außerdem bietet die Blockchain die Möglichkeit, die Struktur zu vereinfachen, indem die Registrierstelle entfernt wird, was Komplexität, Zeit und Kosten spart.[98]

Wie bereits erwähnt nutzt dieses Modell die Tokenisierung von Fiatgeld. Somit hinterlegen Investoren eine konventionelle Währung auf dem Kundenkonto der Blockchain-Plattform, um in die Anleihe zu investieren. Das Geld wird dann auf dem Kundenkonto eingefroren und auf der Blockchain tokenisiert, d.h. wenn Gelder auf dem realen Bankkonto eingehen, wird es der Blockchain-Wallet des Emittenten in Form eines Tokens gutgeschrieben. Im Rahmen des Settlements werden die Anleihen im Depot des Emittenten erstellt und anschließend gegen Entgelt an die Anleger übertragen. Die Anleihen gehen vom Wertpapierdepot des Emittenten an die Depots der jeweiligen Anleger über, während die Gelder von den Geldkonten der Anleger an das Geldkonto des Anleiheschuldner weitergeleitet werden. Die Übertragung der Wertpapiere vom Emittenten auf die Investoren wird in der als Register fungierenden Blockchain erfasst. Dadurch konnte das rechtliche und wirtschaftliche Eigentum mit den eigentlichen Endanlegern verbunden werden. Zins- und Tilgungszahlungen erfolgen manuell durch den Anleiheschuldner, der über seine Wallet Geldmittel an die virtuelle Geldbörse der Investoren transferiert. Der Anleger kann das erhaltene Kapital in Form von Token behalten und reinvestieren oder vom Kundenkonto auf sein Echtgeldkonto einlösen.[99]

---

[98] Vgl. Cohen, R., Sehra, A., Smith, P. (2018): Banking on the blockchain, in: International Financial Law Review, S. 42–46, S. 45.

[99] Vgl. Cohen, R. et al. (2018): Automation and blockchain in securities issuances, in: Butterworths Journal of International Banking and Financial Law, S. 144–150, S. 145.

Abbildung 14: Struktur einer Anleihe mit Blockchain-Technologie in Ether

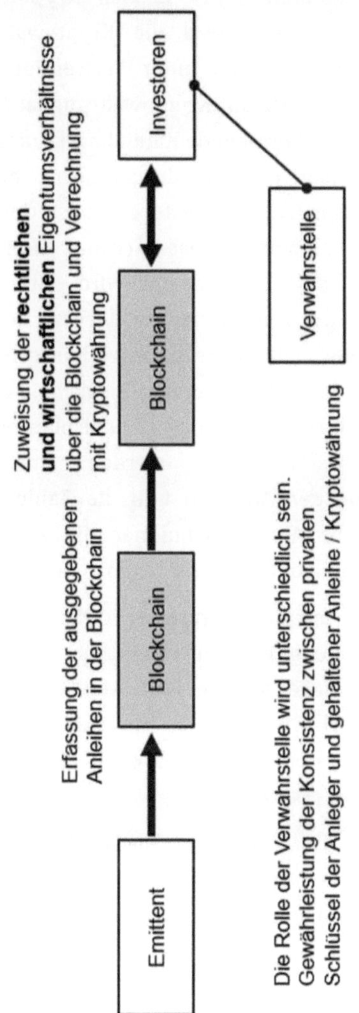

Quelle: Eigene Darstellung in Anlehnung an: R. Cohen et al. (2018): Automation and blockchain in securities issuances, in: Butterworths Journal of International Banking and Financial Law, S. 144–150, S. 146.

Das zweite Anleihemodell wird ebenfalls über eine Blockchain-Plattform ausgegeben, jedoch in Ether denominiert, der nativen Kryptowährung der öffentlichen Ethereum Blockchain. Damit wird die Kryptowährungsanleihe vollständig auf einer öffentlichen Blockchain unter Verwendung von Smart Contracts abgewickelt. Das bedeutet, diese auf Kryptowährung lautende Anleihe nutzt in keinster Weise die traditionell bestehende Kapitalmarktinfrastruktur. Die Emission funktioniert ebenfalls über eine Handelsplattform, die mit einer Blockchain, hier Ethereum, verbunden ist. Die Investoren transferieren Ether von ihren bestehenden Wallets, wie z. B. einem Coinbase-Account, in ihre Wallet der Handelsplattform. Im Rahmen des Settlements wird Ether von den Handelsplattform-Wallet-Adressen der Anleger an die Adresse des Emittenten übertragen, und die Anleihen von der Wallet-Adresse des Anleiheschuldner an die Adressen der Anleger. All dies wird auf der Ethereum-Blockchain aufgezeichnet und über eine Programmierschnittstelle in einer Handelsplattform bzw. der Blockchain-Plattform angezeigt.[100] Zusätzlich werden Smart Contracts implementiert, um die Zustellung der Anleihen und die Zahlungsströme zu automatisieren. Dadurch zahlt der Anleihenschuldner die Zinsen und den Kapitalbetrag der Anleger automatisch ohne weitere Maßnahmen.[101]

Beim Vergleich der verschiedenen Anleihestrukturen wird deutlich, dass die auf Ether lautende Anleihe (Vgl. Abbildung 14) eine wesentlich weniger komplexe Struktur aufweist als die traditionelle Anleihe (Vgl. Abbildung 12) und die Mischvariante (Vgl. Abbildung 13). Die Vorteile aus der Verwendung der Blockchain ergeben sich aus dem disruptiven Potenzial der Technologie und damit aus der Möglichkeit, Intermediäre zu ersetzen.

Der beschriebene Ansatz über die Ethereum Blockchain vereinfacht die Anleiheemission und senkt dabei die Kosten auf vielfältige Weise. Beispielsweise ersetzt das verteilte Ledger der Blockchain die Registrierstelle. Somit kann auf die üblichen Vertragsverhältnisse zwischen Emittenten und Registrar verzichtet werden, wodurch sich der Emittent wiederum Kosten spart. Des Weiteren automatisiert der Einsatz von Smart Contracts die Zins- und Tilgungszahlungen vom Emittenten an den Anleger. Dementsprechend ist keine Zahlstelle erforderlich, was gleichzeitig die Komplexität der Dokumentation verringert und bedeutet, dass

---

[100] Vgl. Cohen, R. et al. (2018): Automation and blockchain in securities issuances, in: Butterworths Journal of International Banking and Financial Law, S. 144–150, S. 146.

[101] Vgl. Cohen, R., Sehra, A., Smith, P. (2018): Banking on the blockchain, in: International Financial Law Review, S. 42–46, S. 46.

der Emittent keine Bank für die Ausübung bezahlt. Im Endergebnis führt der Ansatz mit der Ethereum Blockchain zu einer weniger komplexen Struktur und damit zu einer geringeren Anzahl von Intermediären.

Auf der Investorenseite führt die Anwendung einer Blockchain-Plattform, die Finanzintermediäre vollständig ersetzt, zu schnelleren Transaktions- und Abwicklungszeiten. Darüber hinaus kann der Wertpapierhandel ohne Vermittler durchgeführt werden.

3.4 Handel ohne Intermediäre

In diesem Kapitel wird die Möglichkeit erörtert, den Wertpapierhandel direkt mithilfe der Blockchain-Technologie zu verwirklichen, ohne dass Intermediäre erforderlich sind.

Der Prozess, bekannt als Atomic Cross-Chain-Swap, beschreibt den Austausch von Vermögenswerten über mehrere Blockchains – z. B. Bitcoin gegen Ether.[102] Es erfolgt somit ein direkter Austausch ohne Intermediär zwischen zwei unterschiedlichen Ledger, ähnlich dem Sidechain-Prinzip.[103] Der Begriff "atomic" bezieht sich auf die Tatsache, dass der direkte Austausch entweder nur vollständig oder gar nicht stattfindet.[104]

In Bezug auf Smart Bonds entsteht der Atomic Swap zwischen einem Asset und Cash Ledger. Die Asset Ledger speichert Eigentumsdaten an Anleihen, sowie die Transaktionshistorie und übernimmt die traditionelle Rolle der Depotbank. Wohingegen über die Cash Ledger das Settlement stattfindet und es keiner CCP und CSD bedarf.[105] Atomic Swaps sind so konzipiert, dass es keine Intermediäre benötigt. Das Vertrauen zwischen zwei Parteien, die gegenseitig Anleihen handeln, wird durch den Einsatz von Hash Timelock Contracts (HTLC) sichergestellt. Ein HTLC basiert auf einem Smart Contract mit den Schlüsselfunktionen eines Hash- und Timelocks. Das Blockchain-Protokoll übernimmt zusammen mit dem HTCL die Rolle des Intermediär und überprüft, ob beide Parteien die Bedingungen des

---

[102] Vgl. Herlihy, M. (2018): Atomic Cross-Chain Swaps, in: Proc. ACM Symp. Princ. Distrib. Comput., S. 1.

[103] Vgl. Meinel, C., Gayvoronskaya, T., Schnjakin, M. (2018): Blockchain. Hype Oder Innovation, Potsdam, S. 61.

[104] Vgl. Herlihy, M. (2018): Atomic Cross-Chain Swaps, in: Proc. ACM Symp. Princ. Distrib. Comput., S. 2.

[105] Vgl. van de Velde, J. et al. (2016): Blockchain in Capital Markets. The Prize and the Journey, in: Euroclear mit Oliver Wymann Joint Report, S. 11.

Handels erfüllen.[106] Durch den Timelock muss die Transaktion in einem festgelegten Zeitrahmen abgeschlossen werden, andernfalls verfällt der Handel.[107]

Abbildung 15: Ablauf eines Atomic Cross-Chain-Swap

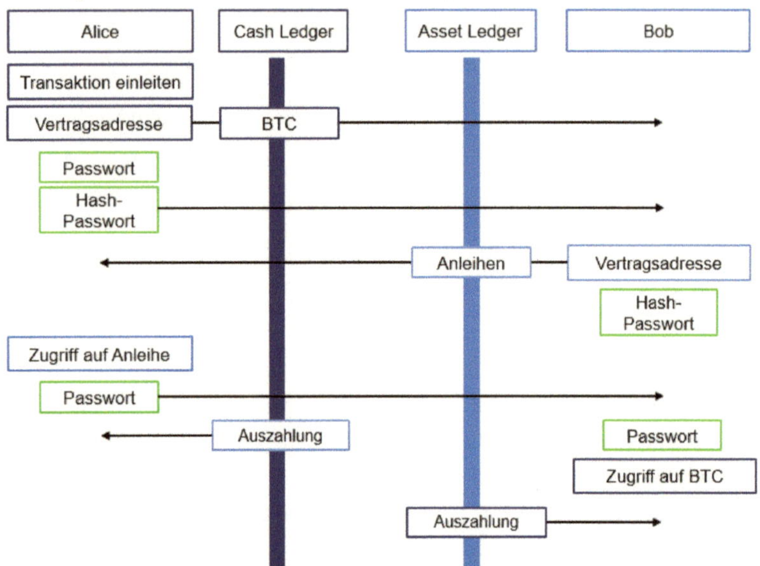

Quelle: Eigene Darstellung in Anlehnung an: Unita (2019): Atomic Cross-Chain Swaps on Qtum. URL: https://blog.qtum.org/atomic-cross-chain-swap-on-qtum-7e756a890ed7 (27.09.2019).

Im Folgenden Beispiel, das in Abbildung 15 dargestellt ist, geht Alice mit Bob einen Atomic Cross-Chain-Swap ein. Alice möchte ihre BTC, die sie im Cash Ledger hält, gegen Anleihen von Bob, die auf einer Asset Ledger verwaltet werden, tauschen. Der Ablauf eines Atomic Swaps wird in die drei Phasen Initiierung, Partizipation und Auszahlung gegliedert.[108]

---

[106] Vgl. Herlihy, M. (2018): Atomic Cross-Chain Swaps, in: Proc. ACM Symp. Princ. Distrib. Comput., 1+4.

[107] Vgl. Miraz, M. H., Donald, D. C. (2019): Atomic Cross-chain Swaps: Development, Trajectory and Potential of Non-monetary Digital Token Swap Facilities, in: Annals of Emerging Technologies in Computing, 3. Jg., H. 1, S. 42–50, S. 44.

[108] Vgl. Runchao Han, Haoyu Lin, and Jiangshan Yu (2019): On the optionality and fairness of Atomic Swaps, in: IACR Cryptology ePrint Archive 2019, S. 3.

Alice initiiert den Atomic Swap, indem sie ihre BTC in einer HTCL Vertragsadresse auf der Cash Ledger hinterlegt, diese funktioniert wie ein Safe mit Timelock und Hashlock. Bei der Erstellung des Safes, generiert Alice außerdem ein Passwort bzw. Schlüssel für den Zugriff darauf. Anschließend leitet sie die Hash-Funktion des Passworts an Bob weiter. Zu diesem Augenblick kann Bob noch nicht auf den Safe zugreifen, da er nur den Hash des Passworts besitzt und nicht das Passwort selbst hat.[109]

Während der zweiten Phase verwendet Bob den von Alice versendeten Hash, um ebenfalls eine separate Vertragsadresse zu erstellen, in der seine Anleihen verwahrt werden. Da sich beide Smart Contracts den gleichen Hash teilen, sind beide Transaktionen miteinander verknüpft und voneinander abhängig.[110]

Durch den Hashlock kann Alice nur auf die Anleihen zugreifen, wenn sie den gleichen Schlüssel verwendet wie Bob. Sobald sie auf die Anleihen zugreift, wird das vollständige Passwort bzw. der Schlüssel des Safes an Bob gesendet. Bob kann dann mit dem Passwort auf die gesendeten BTC von Alice zugreifen und diese auszahlen.[111] Falls die festgelegte Zeitsperre des HTCL erreicht wurde, kann Alice ihre BTC zurückbuchen und der Handel verfällt.[112]

Als P2P-System ermöglicht die Blockchain-Technologie sichere Transaktionen ohne die Notwendigkeit einer vertrauenswürdigen zentralen Instanz. Somit kann ähnlich wie bei der Anleiheemission (Kapitel 3.2) durch die Anwendung der Blockchain im Kapitalmarkthandel auf verschiedene Intermediäre (CCP und CSD) verzichtet werden.

Aus technischer Sicht verhindert die Blockchain Doppelausgaben innerhalb eines Netzwerks, indem sie ein unveränderliches verteiltes Ledger verwaltet und pflegt. Wenn neue Transaktionen auftreten, aggregiert das Netzwerk sie zu Blöcken, prüft die Gültigkeit, stimmt über die Richtigkeit ab und aktualisiert die Datenbank mittels eines vorgegebenen Konsensmechanismus. Darüber hinaus ermöglichen

---

[109] Vgl. Herlihy, M. (2018): Atomic Cross-Chain Swaps, in: Proc. ACM Symp. Princ. Distrib. Comput., S. 1 f.

[110] Vgl. Runchao Han, Haoyu Lin, and Jiangshan Yu (2019): On the optionality and fairness of Atomic Swaps, in: IACR Cryptology ePrint Archive 2019, S. 3 f.

[111] Vgl. Runchao Han, Haoyu Lin, and Jiangshan Yu (2019): On the optionality and fairness of Atomic Swaps, in: IACR Cryptology ePrint Archive 2019, S. 3 f.

[112] Vgl. Unita (2019): Atomic Cross-Chain Swaps on Qtum.

Smart Contracts die Implementierung dezentraler Anwendungen, die trotz fehlender Vermittler zuverlässig funktionieren.[113]

3.5 Post-Trade

Unter dem Begriff Post-Trade werden die Tätigkeiten des Nachhandelssegments zusammengefasst. Dazu gehören Clearing, Settlement, Custody und Asset Servicing sowie notarielle Dienstleistungen.[114] In den vorigen Abschnitten wurden bereits erste Auswirkungen der Blockchain-Technologie auf das Post-Trade angesprochen. Der Einsatz der Blockchain bzw. DLT hat einen besonders starken Einfluss auf das Nachhandelssegment, da durch ihre Nutzung die Notwendigkeit von Finanzintermediären entfällt.

Der Post-Trade-Prozess besteht im Wesentlichen aus der Verteilung und Vervielfältigung von Daten zwischen verschiedenen Gegenparteien. Ziel ist es, den Titel eines Vermögenswertes in einer Weise zu übertragen, die die Gegenparteien voreinander schützt.[115] Ein DvP-Abrechnungssystem soll sicherstellen, dass die Lieferung nur dann erfolgt, wenn die Zahlung fällig ist. Dieses System fungiert als Bindeglied zwischen einem Geldtransfersystem und dem Wertpapierübertragungssystem. Das heutige DvP Settlement erfolgt nicht sofort und kann je nach Markt einige Tage dauern.[116]

Aufgrund der zeitintensiven Abwicklungsverfahren erfordert es reibungslose Clearing-Mechanismen im Kapitalmarkt, um eine Partei gegen den möglichen Ausfall der anderen Vertragspartei zu schützen. Dazu stellt sich die Clearingstelle zwischen Käufer und Verkäufer und übernimmt die Verkaufshaftung gegenüber dem Käufer und umgekehrt die Kaufverpflichtung gegenüber dem Verkäufer.[117]

---

113 Vgl. Notheisen, B. et al. (2019): Trading Stocks on Blocks: the Quality of Decentralized Markets, in: Karlsruhe Institute of Technology (KIT) Working Paper Series in Economics, H. 129, S. 3.

114 Vgl. o.V. (2017): Blockchain-Technologie, in: Bundesanstalt für Finanzdienstleistungsaufsicht.

115 Vgl. Bogart, S., Rice, K. (2015): Internet/Financial Technology. The Blockchain Report: Welcome to the Internet of Value, in: Needham, S. 16.

116 Vgl. Collomb, A., Sok, K. (2016): Blockchain / Distributed Ledger Technology (DLT): What Impact on the Financial Sector?, in: Digiworld Economic Journal, 3rd Q., H. 103, S. 93–111, S. 102 f.

117 Vgl. Collomb, A., Sok, K. (2016): Blockchain / Distributed Ledger Technology (DLT): What Impact on the Financial Sector?, in: Digiworld Economic Journal, 3rd Q., H. 103, S. 93–111, S. 103.

Tabelle 3: Gegenüberstellung der Schwachstellen und Verbesserungspotenziale des Nachhandelssegments
Quelle: Eigene Darstellung.

Schwachstellen im aktuellen Post-Trade-System	Verbesserungen durch Blockchain-Anwendungen
Dauer zwischen Handel, Clearing und Settlement	Handel und Settlement erfolgen nahezu simultan
Widersprüchliche Daten und getrennte Datenhaltung	Automatische Datensynchronisierung
Gegenparteirisiko und operationelle Risiken	Risiken sind eliminiert
Asset-Servicing	Automatisierung durch Smart Contracts
CCP und CSD	Obsolet bzw. Aufgabenwandel
Notarielle Dienstleistung	Erfassung in DLT

Tabelle 3 veranschaulicht die Schwächen der derzeitigen Post-Trade-Systeme und das Verbesserungspotenzial durch den Einsatz der Blockchain-Technologie. Die in der Tabelle erwähnten Schwachstellen und Verbesserungspotenziale werden im Folgenden näher beschrieben.

Die aktuellen Abwicklungszeiten können durch die Blockchain auf wenige Minuten verkürzt werden.[118] Die DLT ermöglicht es, auf derselben digitalen Dateninfrastruktur sowohl Geld- als auch Wertpapierkonten zu haben. Bisher wurden diese zwei Arten von Konten getrennt behandelt. Dadurch kann das Settlement gleichzeitig zum Handel erfolgen und somit tiefgreifenden Einfluss auf die Funktionsweise der heutigen Infrastruktur nehmen.[119] Die Möglichkeit eines sofortigen Settlements, also die Aktualisierung des Ledgers unmittelbar nach Ausführung und Validierung eines Handels, würde operationelle Risiken und Gegenparteirisiken im Handel eliminieren.

Das aktuelle Clearing und Settlement führt zu kostspieligen und zeitaufwändigen Abstimmungsprozessen. Im Gegensatz dazu handelt es sich bei einer Blockchain um eine gemeinsam genutzte Infrastruktur, die das Problem der Datensynchronisierung und Vertrauenswürdigkeit durch Replikation von Daten im gesamten Netzwerk löst. Diese verteilte und gemeinsam genutzte Blockchain-

---

[118] Vgl. Reade, R., Mayme, D. (2016-2018): Securities on Blockchain, in: The Business Lawyer, Vol. 73, S. 85–108, S. 101.

[119] Vgl. Collomb, A., Sok, K. (2016): Blockchain / Distributed Ledger Technology (DLT): What Impact on the Financial Sector?, in: Digiworld Economic Journal, 3rd Q., H. 103, S. 93–111, S. 103 f.

Infrastruktur erfüllt die Funktion vieler Intermediäre, erleichtert den Informationsaustausch in Echtzeit und minimiert die Fehlerraten drastisch.[120] Im Endeffekt kann die Blockchain samt DLT die kompletten Finanzintermediäre des Nachhandelssegments ersetzen.

Smart Contracts tragen wesentlich zur Innovation des Nachhandelssegments bei und könnten eine Reihe von Aufgaben erfüllen, die derzeit typischerweise von etablierten Post-Trade-Instituten wahrgenommen werden.[121] Beispielsweise können Emittenten im Rahmen einer Anleihe zum Zeitpunkt der Emission einen Smart Contract integrieren, der die Zins- und Tilgungszahlung an jeden Anleger zu den angegebenen Fälligkeitsterminen automatisiert. Dementsprechend würde sich die Anleihe selbst bedienen und somit das Asset-Servicing erleichtern. Da die Abwicklung auf der Blockchain und Kapitalmaßnahmen über Smart Contracts abgewickelt werden, bedarf es möglicherweise keiner Verwahrstellen mehr. Smart Contracts sind daher ein nützliches Werkzeug, um operative Teile normaler Rechtsverträge zu automatisieren.

Allerdings sind Smart Contracts kein Ersatz für normale Rechtsverträge, sondern sitzen hinter einem Rechtsvertrag und ergänzen ihn, indem sie auf der Blockchain bestimmte Vertragsbedingungen replizieren und automatisch erfüllen.[122]

Sobald die DLT Custody- und Asset-Servicing-Aktivitäten durchführen kann, sind die Depotdienstleistungen einer Bank nicht länger erforderlich. Lediglich die Identifizierung von Endinvestoren, Emittenten und die Kontrolle ihres Zugangs zum Ledger sind die einzigen aktuellen Aufgaben, bei denen möglicherweise weiterhin menschliche Interaktionen erforderlich sind. [123] Diese Aufgabe könnte von einer Bank, die das Hauptbuch verwaltet, wahrgenommen werden. Zu diesem Zweck würde die Bank Marktteilnehmer gemäß den aufsichtsrechtlichen Anforderungen identifizieren und ihre öffentlich bzw. privaten Schlüssel verwalten.

---

[120] Vgl. Bogart, S., Rice, K. (2015): Internet/Financial Technology. The Blockchain Report: Welcome to the Internet of Value, in: Needham, S. 16.

[121] Vgl. Pinna, A., Ruttenberg, W. (2016): Distributed ledger technologies in securities post-trading, in: European Central Bank, No 172, 19+25.

[122] Vgl. Cohen, R., Sehra, A., Smith, P. (2018): Banking on the blockchain, in: International Financial Law Review, S. 42–46, S. 43.

[123] Vgl. Pinna, A., Ruttenberg, W. (2016): Distributed ledger technologies in securities post-trading, in: European Central Bank, No 172, S. 25.

Die Bedeutung der notariellen Dienstleistung gewährleistet die Integrität und Abwicklung von Wertpapieremissionen. Diese Rolle bleibt auch bei der Nutzung von DLTs von entscheidender Bedeutung, da eine zuverlässige Institution benötigt wird, die sicherstellt, dass die Anzahl der im verteilten Ledger erfassten Wertpapiere oder Anleihen der Beschreibung der Emission entspricht. Ein Beispiel sind die verbrieften Rechte einer Globalurkunde, die möglicherweise als unveränderlicher Blockchain-Eintrag gespeichert sind.[124] Die Aufgabe der notariellen Dienstleistung bleibt als Kontrollfunktion bestehen, allerdings werden die dabei erfassten Daten in der manipulationssicheren und verteilten Blockchain gespeichert.

---

[124] Vgl. Pinna, A., Ruttenberg, W. (2016): Distributed ledger technologies in securities post-trading, in: European Central Bank, No 172, S. 23.

4 Vorschlag für ein Blockchain-Design

Im folgenden Kapitel werden Vorschläge für die Architektur einer Blockchain-Plattform auf Basis der vorangegangenen Kapitel erarbeitet.

Es ist unwahrscheinlich, dass die gesamte Produktpalette der Wertpapiere am internationalen Kapitalmarkt über eine einheitliche verteilte Blockchain-Plattform verwaltet werden kann. Der Grund hierfür ist die mangelhafte Skalierbarkeit[125], die damit verbundene Stabilität der Marktinfrastruktur und die Ausfallsicherheit der Plattform. Des Weiteren funktioniert jede Wertpapierart nach seinen eigenen Mechanismen und bedarf somit ein individuelles Blockchain-Design. Dies bedeutet, dass es wahrscheinlich zukünftig mehrere Blockchains samt Ledger geben wird, die nur eine Wertpapierart verwalten, wie z.B. Aktien, Anleihen oder Derivate.

Ziel dieser Blockchain-Plattform ist es daher, einen vollständig digitalisierten Kapitalmarkt für Anleihen bzw. Smart Bonds zu schaffen und damit eine Alternative zur bestehenden Kapitalmarktinfrastruktur zu bieten. Der Hauptzweck dieser Plattform ist es, langwierige und kostspielige Abstimmungsprozesse bestehender Systeme zu reduzieren.

In diesem Modell sollen Unternehmen, Banken und Staaten auf Basis der Blockchain-Plattform Smart Bonds emittieren. Die Anleihen werden als Datensatz vollständig digital in der Blockchain ausgegeben. Hierzu werden native Token genutzt, die eine Erfassung und den Handel der Anleihen als Smart Bonds im Ledger ermöglicht.

---

[125] Vgl. Croman, K. et al. (2016): On Scaling Decentralized Blockchains, in: J. Clark et al. (Hrsg.): Financial cryptography and data security. FC 2016 international workshops, BITCOIN, VOTING, and WAHC, Christ Church, Barbados, February 26, 2016 : revised selected papers, Berlin, S. 106–125.

Abbildung 16: Smart Bonds Modell

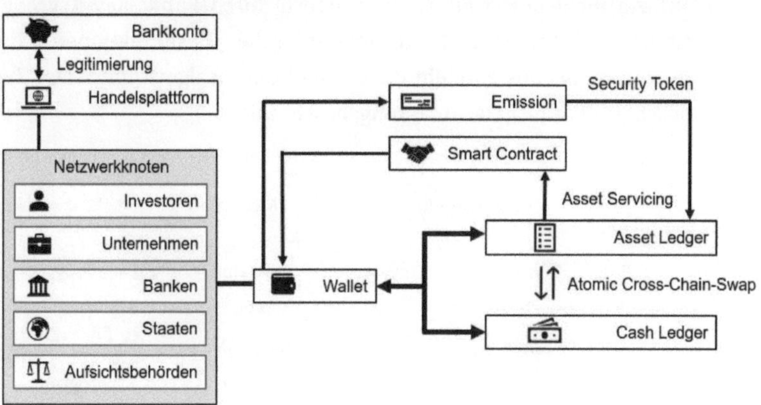

Quelle: Eigene Darstellung.

Abbildung 16 gibt einen Überblick über das hier beschriebene „Smart Bonds Modell". Alle Nutzer der Plattform sind verpflichtet, sich zu registrieren und sich nach KYC-, AML-Standpunkten aus verifizieren zu lassen, bevor sie an einem Handel teilnehmen dürfen. Das Webinterface der Handelsplattform ist mit einer Wallet verbunden und erlaubt den Zugriff auf die Blockchain-Plattform. Jeder Teilnehmer verfügt über ein Cash Ledger und ein Asset Ledger, die sich auf die spezielle Blockchain-Plattform beziehen. Beide Ledger sind mit einem Bankkonto über eine Wallet verknüpft. Die Wallet Anwendung ermöglicht Emissionen der Smart Bonds, sowie einen P2P-Handel. Zur Verwaltung der Smart Bonds werden als technologische Lösung Smart Contracts verwendet.

Der eigentliche Nutzen der Blockchain-Plattform entsteht jedoch erst dann, wenn sich alle Akteure im Anleihenmarkt die gleiche Plattform teilen.[126] Somit ist die Entwicklung solch einer Blockchain-Plattform nicht nur eine technologische Herausforderung, sondern auch eine komplexe organisatorische Aufgabe.

Der wesentliche Unterschied zum traditionellen Kapitalmarkt besteht darin, das Smart Bonds ohne die heutigen Finanzintermediäre wie Verwahrstellen und Clearingstellen funktionieren, sondern durch die Ausgabe und deren Speicherung im dezentralen Blockchain-Netzwerk. Das verteilte P2P-Netzwerk ermöglicht eine automatische Datensynchronisation und mehrere Kopien, so dass keine

---

[126] Vgl. Vakta, T., Maheswari, A., Mohanan, N. U. (2016): Blockchain Disruption in Security Issuance. Enabling the issuance of fully digitized smart securities, in: Capgemini, S. 15.

Synchronisation mit anderen Datenbanken erforderlich ist. Geschützt wird die Plattform nicht durch Firewalls, sondern durch Public-Key-Kryptographie bzw. digitale Signaturen und kryptographische Hashfunktionen. Ein weiterer Schutzmechanismus entsteht durch den Konsensalgorithmus. Der Zugang zu der Blockchain-Plattform ist zulassungsbeschränkt.

Tabelle 4: Traditioneller Anleihenmarkt im Vergleich zur Blockchain-Plattform

Traditionell	Merkmale	Blockchain
Finanzintermediäre und Investoren	Teilnehmer	Pseudonyme
Zentralisierte Server	Server	P2P-Netzwerk
Einzelne Kopie	Datenspeicher	Mehrere Kopien
Firewalls	Sicherheit	Kryptografie
Anleihe	Wertpapier	Token / Smart Bond
Privat	Zugang	Permissioned

Quelle: Eigene Darstellung in Anlehnung an: Vgl. A. Collomb, K. Sok (2016): Blockchain / Distributed Ledger Technology (DLT): What Impact on the Financial Sector?, in: Digiworld Economic Journal, 3rd Q., H. 103, S. 93–111, S. 95.

4.1 Permissioned Blockchain

Für die Neugestaltung des Kapitalmarktes eignet sich eine private, permissioned Blockchain (Abschnitt 2.5). Dadurch ist es möglich, den unterschiedlichen Marktteilnehmern verschiedene Rechte und Privilegien zu gewähren.[127]

Die permissioned Blockchain wird durch eine Genehmigungsinstanz betrieben, die den autorisierten Knoten entsprechende Berechtigungen einräumt. Grundsätzlich kann jede Bank, FinTech, Konsortium oder eine andere Organisiation die Rolle dieser Instanz übernehmen. Damit die Blockchain-Plattform eine größtmögliche Akzeptanz genießt, sollte die Aufgabe von einer vertrauenswürdigen Institution übernommen werden.

---

[127] Vgl. Walport, M. (2015): Distributed Ledger Technology: beyond block chain, in: Government Office for Science, S. 17.

Mögliche Kandidaten für diese Rolle sind Euroclear oder Depository Trust and Clearing Corporation (DTCC), als die derzeit größten CSDs der Welt.[128]

Tabelle 5: Lese- und Schreibrechte der permissioned Blockchain

	Knoten		
Rechte	Emittenten	Investoren	Aufsichtsbehörden
Leserechte	begrenzt	begrenzt	unbegrenzt
Schreibrechte	unbegrenzt	begrenzt	keine

Quelle: Eigene Darstellung.

In Tabelle 5 sind die verschiedenen Marktteilnehmer und ihre unterschiedlichen Lese- und Schreibrechte dargestellt.

Zu der Gruppe der Emittenten zählen Unternehmen, Staaten und Banken. Bei Investoren handelt es sich um juristische oder natürliche Personen, die ihr Kapital in Smart Bonds investieren wollen. Der Begriff Aufsichtsbehörden umfasst Institutionen, die regulatorische und aufsichtsrechtliche Aufgaben ausüben, beispielsweise die Bundesanstalt für Finanzdienstleistungsaufsicht (BaFin) oder das Finanzamt.

Schreibrechte, also das Erstellen und Hinzufügen neuer Transaktionsblöcke, werden den Emittenten als auch potenziellen Investoren eingeräumt. Für die Gruppe der Emittenten sind Schreibrechte von Bedeutung, da sie Smart Bonds über die Plattform herausgeben sollen. Im Hinblick auf den Handel sind Schreibrechte für Emittenten und Investoren gleichermaßen wichtig. Dahingegen erhalten öffentliche Behörden keinerlei Schreibrechte, sondern einen vollen Lesezugriff. Die unbegrenzten Leserechte sollen zu einem hohen Level an Compliance führen und die Überprüfung von AML und KYC vereinfachen. Die Leserechte der Emittenten und Investoren werden auf Emissionen und Transaktionen begrenzt, die sie direkt betreffen. Die eingeschränkten Leserechte bieten ein hohes Maß an Privatsphäre und verbergen mögliche Handelsstrategien von Marktteilnehmern.

---

[128] Vgl. Milne, A. (2016): Central Securities Depositories and Securities Clearing and Settlement, in: M. Diehl (Hrsg.): Analyzing the economics of financial market infrastructures, Hershey, Pa., S. 334–358, S. 351.

Die Betreiber der privaten, permissioned Blockchain können bei Bedarf die Regeln der Blockchain abändern und durch manuelles Eingreifen Probleme schnell beheben.[129] Somit können bei technischen, marktbezogenen oder regulatorischen Neuerungen jederzeit Updates der Plattform vorgenommen werden.

4.2 Smart Contracts

Das Bitcoin-Protokoll bietet keine Unterstützung für komplexe Smart Contracts. Darüber hinaus sind einfache Verträge, die mittels Bitcoin ausgeführt werden können, oft umständlich in der Gestaltung und sehr kostspielig in der Ausführung. Die Ethereum-Blockchain samt der Kryptowährung Ether ermöglicht die Ausführung komplexer Smart Contracts[130] und wird daher für dieses "Smart Bonds Modell" verwendet. Außerdem wurde das Ethereum Protokoll wie in Abschnitt 3.3 beschrieben, bereits auf Smart Bonds angewendet. Im Gegensatz dazu verwendet die hier beschriebene Plattform eine permissioned Blockchain auf Basis von Ethereum und kein öffentliches Netzwerk. Durch die private Konfiguration sind die Ether zum Betreiben der Smart Bonds Plattform nicht identisch zu den öffentlichen „echten" Ether.

Die Smart Contracts werden bei der Emission des Smart Bonds durch den Emittenten in dessen Wallet festgelegt und enthalten Informationen zum Ausgabedatum, Emissionskurs, Nominalbetrag, Kupon, Kupontermin und zur Fälligkeit. Durch das Anhängen der Smart Contracts an eine Anleihe wird diese autark und kann ohne manuelle Interaktion oder Einbindung von Intermediären automatisch Kuponzahlungen oder Tilgungen durchführen.

Wie in Abschnitt 2.6 beschrieben können sich Smart Contracts zusätzlich auf externe Datenquellen über Oracles stützen. Einerseits bietet dies die Möglichkeit eine vertrauenswürdige Quelle aus der physischen Welt in die Plattform mit einzubeziehen. Andererseits birgt es auch Risiken durch Manipulationen des Datenfeeds und zudem eine erhöhte Komplexität des Netzwerkes. In dem hier beschriebenen Modell für eine permissioned Plattform existieren die Anleihen bzw. Smart Bonds vollständig digital in der Blockchain. Somit sind die Daten über den Smart Bond in der Blockchain-Plattform relevanter und zuverlässiger als die eines externen Anbieters. Die vorgeschlagene Lösung sieht somit keine Oracles im

---

[129] Vgl. Buterin, V. (2015): On Public and Private Blockchains, in: Ethereum Blog.

[130] Vgl. Das, P. et al. (2019): FastKitten: practical smart contracts on bitcoin, in: SEC'19 Proceedings of the 28th USENIX Conference on Security Symposium, S. 801–818, S. 1.

Netzwerk vor. Lediglich die Emissionsdetails und die darin enthaltenen Smart Contracts werden durch Aufsichtsbehörden im Rahmen der Emission überprüft.

4.3 Security Token

In Abschnitt 3.3 wurden zwei verschiedene Varianten beschrieben, wie eine Anleihe in der Blockchain dargestellt und strukturiert werden kann. In diesem Modell soll jedoch keine Off-Chain-Anleihe digitalisiert und im verteilten Ledger-Netzwerk repräsentiert werden. Stattdessen sollen die Smart Bonds vollständig digital innerhalb der Blockchain existieren. Aus diesem Grund werden zur Darstellung der Smart Bonds im Ledger der Plattform sog. Security Tokens, als Blockchain native Token, genutzt.[131]

Der Prozess zur Erstellung von Security Tokens innerhalb des Smart Bonds Modell ist in Abbildung 17 visualisiert.

Abbildung 17: Security Token

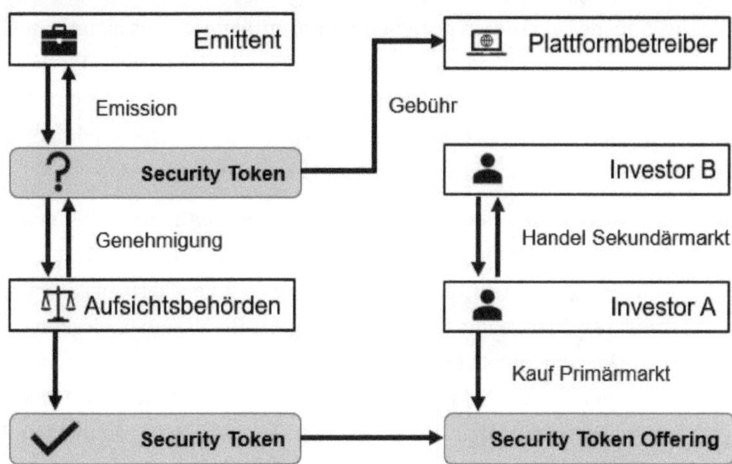

Quelle: Eigene Darstellung.

Damit Smart Bonds über die Plattform platziert werden können, muss ein Emittent bei der Erstellung von Security Tokens eine Art Platzierungsgebühr an den Plattformbetreiber entrichten. Dies ist neben Transaktionsgebühren die Haupteinnahmequelle für den Betreiber der Blockchain-Plattform. Darüber hinaus

---

[131] Vgl. Smith, J. et al. (2019): Tokenized Securities and Commercial Real Estate, in: Massachusetts Institute of Technology Digital Currency Initiative, S. 9.

verhindern Platzierungsgebühren, dass das Netzwerk durch Spam überlastet wird, insbesondere im Rahmen der behördlichen Genehmigungsverfahren.

Die Emission der Token wird durch den Emittenten in dessen Wallet eröffnet und zunächst nur im Asset Ledger registriert. Hierbei werden bereits die verschiedenen Merkmale des Smart Bonds festgelegt und durch Smart Contracts im Lebenszyklus automatisiert. Anschließend überprüfen Aufsichtsbehörden die Emissionsdetails.

Nach Genehmigung der Emission wird auf der Handelsplattform der Tokenverkauf (Security Token Offering) für alle verifizierten Benutzer freigeschaltet. Sobald die Security Token verkauft sind werden die entsprechenden Bewegungen im Asset bzw. Cash Ledger registriert und den Wallets gutgeschrieben.

Die Smart Bonds können dann im Sekundärmarkt durch einen Atomic Swap gehandelt werden.

4.4 Proof-of-Stake

Die Wahl des am besten geeigneten Konsensalgorithmus hängt von dem jeweiligen Verwendungszweck und dem Einsatzbereich der Blockchain-Plattform ab. Darüber hinaus, ob das Netzwerk als privates oder öffentliches bzw. permissioned oder permissionless Netzwerk betrieben wird. Ein weiterer wichtiger Aspekt ist die Skalierbarkeit in Bezug auf die Anzahl der Transaktionen.[132]

Der größte Kritikpunkt am Bitcoin und gleichzeitig am PoW-Verfahren stellt der hohe erforderliche Energiebedarf dar.[133] Meinel et al. stellen fest, dass der jährliche Stromverbrauch des Bitcoins, mit Stand November 2018, bei etwa 45.8 TWh liegt. Daraus resultiert eine jährliche Kohlenstoffemission zwischen 22.0 und 22.9 $MtCO_2$. Die vom Bitcoin erzeugten Emissionen liegen somit zwischen den erzeugten Werten der Nationen Jordanien und Sri Lanka bzw. auf dem Niveau von Kansas City.[134] Angesichts der aktuellen Trends zu einem verstärkten Umwelt- und Klimaschutz kommt das PoW-Konzept daher nicht in Frage.

---

[132] Vgl. Schütte, J. et al. (2017): Blockchain und Smart Contracts – Technologien, Forschungsfragen und Anwendungen, in: Fraunhofer-Gesellschaft zur Förderung der angewandten Forschung, S. 18.

[133] Vgl. Meinel, C., Gayvoronskaya, T., Schnjakin, M. (2018): Blockchain. Hype Oder Innovation, Potsdam, S. 46.

[134] Vgl. Stoll, C., Klaaßen, L., Gallersdörfer, U. (2019): The Carbon Footprint of Bitcoin, in: Joule, 3. Jg., H. 7, S. 1647–1661, 1647+1657.

Eine umweltschonende Alternative bietet das bei Ethereum eingesetzte PoS-Verfahren. Außerdem erlaubt der PoS von Ethereum eine bessere Skalierbarkeit und eine schnellere Transaktionsabwicklung bei gleichzeitig geringeren Ressourceneinsatz als das PoW-Verfahren des Bitcoins (siehe Abschnitt 2.4). Des Weiteren erlaubt das Bitcoin-Netzwerk nur bedingt die Ausführung von Smart Contracts. Ethereum hingegen wurde explizit für die Programmierung und Anwendung von Smart Contracts entwickelt.

Neben den oben genannten Punkten ist der Aspekt der Sicherheit eines Konsensverfahrens für die Blockchain-Plattform äußerst bedeutsam. Die Transaktionen innerhalb der Blockchain sollen durch einen Konsensalgorithmus bestätigt werden, der sehr schwer zu manipulieren ist und das notwendige Vertrauen im Netzwerk vermittelt.

Die PoS-Methode ist nicht wie das PoW-Schema abhängig von der Rechenleistung der Netzwerkknoten. Um die Sicherheit des Systems zu beeinträchtigen, müsste ein bösartiger Akteur über 50% der derzeit eingesetzten Münzen besitzen. Dadurch entsteht die Herausforderung der Verteilung der Münzen und auch die Gefahr einer zu hohen Dominanz gewisser Netzwerkteilnehmer. Grundsätzlich könnte die Sicherheit der Plattform zumindest im Hinblick auf die 50%-Grenze maximiert werden, indem immer mindestens 51% der derzeit verwendeten Münzen durch die Genehmigungsinstanz gehalten werden. Dies würde gleichzeitig zu einer Dominanz der Genehmigungsbehörde führen, die jedoch nicht als negativ bezeichnet werden kann. Eine vertrauenswürdige Genehmigungsinstanz wie Euroclear, das mehr als die Hälfte der Münzen hält und damit die Mehrheit der Transaktionen validiert, würde zu einer höheren Akzeptanz der Plattform führen.

4.5 Technische Realisierungsmöglichkeiten

Inwieweit die Skalierbarkeit eine Herausforderung sein könnte, hängt von der Transaktionszahl innerhalb der Blockchain-Plattform ab. Wie in Abschnitt 2.3 beschrieben, gelingt es dem Bitcoin-Netzwerk als öffentliche Blockchain nicht, den Transaktionsdurchsatz des zentralen VISA-Systems zu erreichen. Durch die Wahl einer permissioned Blockchain ist die Problematik der Skalierbarkeit weniger stark ausgeprägt, da eine geringere Anzahl an Teilnehmern nach einem Konsens über den Zustand der gemeinsamen Blockchain suchen.[135]

Während des Geschäftsjahres 2018 wurden an der Deutschen Börse fast 300.000 Anleihetransaktionen getätigt.[136] Das öffentliche Ethereum-Netzwerk verarbeitet mehr als doppelt so viele Transaktionen täglich. Im Durchschnitt werden 25.000 Transaktionen pro Stunde bzw. 600.000 Transaktionen pro Tag verarbeitet. Die Bestätigungszeit für eine Transaktion beträgt etwa 14,4 Sekunden.[137]

In Form einer permissioned Blockchain wäre die Transaktionsrate noch höher und führt letztlich zu einer besseren Leistungsfähigkeit des Netzwerkes. So schafft das Ripple-Netzwerk am Tag mehr als 4 Mio. Transaktionen.[138] Des Weiteren zeigt eine Benchmarking Studie der DTCC, dass die DLT in der Lage ist, das durchschnittliche tägliche Handelsvolumen am US-Aktienmarkt von mehr als 100 Millionen Trades pro Tag zu verarbeiten. Die Leistungstests hierzu wurden mit der permissioned Corda-Blockchain von R3 durchgeführt.[139] So scheint die unzureichende Skalierbarkeit der Blockchain, insbesondere der öffentlichen Bitcoin-Blockchain, für den Zahlungsverkehr und nicht für den Kapitalmarkt zu gelten. Eine permissioned Blockchain auf Basis von Ethereum sollte daher keine kritische Skalierbarkeit für den Smart Bond Handel erreichen.

Wenn die Einführung einer Blockchain-Plattform für digitale Wertpapiere wie Smart Bonds erfolgt und mehrere Plattformen nebeneinander bestehen, dann müssen diese Systeme in der Lage sein, miteinander und mit Altsystemen (z. B. aktuelle Anleihen, die von Depotbanken gehalten werden) zu interagieren. Dies erfordert Technologiestandards und möglicherweise die Verwendung eines universellen Standards für Referenzdaten. Bei einigen Marktinitiativen laufen

---

[135] Vgl. o.V. (2017): The Distributed Ledger Technology Applied to Securities Markets, in: European Securities and Markets Authority, S. 8.

[136] Vgl. o.V. (2019): European Exchange Report 2018, in: FESE Economics and Statistics Committee (ESC), S. 13.

[137] Vgl.: Ethereum / Ether (ETH) Statistiken und Informationen, https://bitinfocharts.com/de/ ethereum/ (24.11.2019).

[138] Vgl.: XRP (XRP) - Statistiken und Informationen, https://bitinfocharts.com/de/xrp/ (24.11.2019).

[139] Vgl. Depository Trust & Clearing Corporation: DTCC Announces Study Results Demonstrating that DLT Can Support Trading Volumes in the US Equity Markets, http://www.dtcc.com/ news/2018/october/16/dtcc-unveils-groundbreaking-study-on-dlt (24.11.2019).

derzeit Bemühungen zur Festlegung von Technologiestandards, doch es bleibt abzuwarten, ob diese erfolgreich sein werden.[140]

---

[140] Vgl. o.V. (2017): The Distributed Ledger Technology Applied to Securities Markets, in: European Securities and Markets Authority, S. 8.

5 Zusammenfassung

Derzeit sind die Infrastrukturen am Kapitalmarkt auf einen vertrauenswürdigen Vermittler angewiesen. Im Gegensatz dazu, ermöglicht die Blockchain-Technologie als P2P-Netzwerk sichere Transaktionen ohne die Notwendigkeit einer vertrauenswürdigen Instanz. Hierfür verwendet die Blockchain Public-Key-Kryptographie bzw. digitale Signaturen und kryptographische Hashfunktionen.

Als DLT verbessert die Blockchain die Transparenz, Sicherheit und Effizienz eines Kapitalmarktes. Zur Darstellung einer Anleihe innerhalb der Blockchain werden Tokens genutzt. Dabei wird unterschieden zwischen nativen Assets einer Blockchain und digitalen Darstellungen eines bestehenden Off-Chain-Assets (Tokenisierung). Smart Bonds werden im Rahmen des Security Token Offerings als native Token erzeugt. Durch das Hinzufügen von Smart Contracts werden Smart Bonds im Asset-Servicing vollständig automatisiert.

Die Blockchain-Technologie ermöglicht einen direkten Wertpapierhandel ohne Finanzintermediär über einen Atomic Cross-Chain-Swap. Das Asset Ledger speichert die Eigentumsdaten am Smart Bond, sowie die Transaktionshistorie und übernimmt die traditionelle Rolle der Verwahrstelle. Wohingegen über die Cash Ledger das Settlement stattfindet und es keiner CCP und CSD bedarf.

Eine Blockchain-Plattform, die einen vollständig digitalen Kapitalmarkt erzeugt und den Handel, als auch die Verwahrung von Smart Bonds ermöglicht sollte von einer vertrauenswürdigen Instanz in Form einer permissioned Blockchain mit unterschiedlichen Schreib- und Leserechte betrieben werden. Darüber hinaus ist ein Token-Modell und ein Konsensalgorithmus erforderlich, dass Smart Contracts erlaubt und neben der entsprechenden Skalierbarkeit auch Sicherheit und Vertrauen in die Plattform mit sich bringt.

6 Fazit

Als Nakamoto den Bitcoin im Jahr 2008 auf den Markt brachte, sollte die Kryptowährung den elektronischen Zahlungsverkehr direkt zwischen Einzelpersonen ohne den Einsatz von Banken ermöglichen. Mehr als zehn Jahre später bietet die Blockchain-Technologie, mit der Banken obsolet gemacht werden sollten, ein Instrument zur grundlegenden Verbesserung des Kapitalmarkts.

Die Blockchain-Technologie erlaubt es zu vollständig digitalen Kapitalmärkten überzugehen. Smart Bonds, die durch Smart Contracts voll automatisiert werden, sind ein frühes Experimentierfeld in diese Richtung. Im Rahmen eines digitalen Kapitalmarktes würden weitaus weniger Akteure im Markt involviert werden und somit Kosten, Abwicklungszeiten und Risiken reduziert werden. Ob dadurch bestimmte Finanzintermediäre wie CCPs oder CSDs obsolet werden würden, ist fraglich. Ein Aufgaben- und Rollenwechsel ist viel wahrscheinlicher, beispielsweise als Genehmigungsinstanz einer Blockchain. Ein kritischer Faktor an solch einer Plattform ist insbesondere die Skalierbarkeit. Darüber hinaus auch regulatorische Aspekte, die in dieser Arbeit nicht berücksichtigt wurden.

Im Hinblick auf die Zukunft lassen sich zwei alternative Szenarien für den Einsatz der Blockchain-Technologie am Kapitalmarkt unterscheiden.

Im ersten Szenario verwenden einzelne Finanzmarktteilnehmer die Blockchain, um ihre interne Effizienz zu verbessern, ohne wesentliche Auswirkungen auf den Kapitalmarkt zu haben.

Das zweite Szenario hingegen verweist auf das disruptive Potenzial der Blockchain. Durch eine Gruppe von Finanzmarktteilnehmern, die gemeinsam eine Blockchain-Plattform verwenden, werden die derzeit notwendigen Finanzintermediäre vollständig obsolet

Literaturverzeichnis

Anna, I. (2019): Exclusive:. Banks to invest around $50 million in digital cash settlement project - sources, in: Reuters, https://www.reuters.com/article/us-banks-blockchain-exclusive/exclusive-banks-to-invest-around-50-million-in-digital-cash-settlement-project-sources-idUSKCN1SM2U0 (30.8.2019).

Anton, B., Matthew, C. (2014): Bitcoin: Technical Background and Data Analysis, in: Finance and Economics Discussion Series, https://www.federalreserve.gov/econresdata/feds/2014/files/2014104 pap.pdf (30.4.2019).

Antonopoulos, A. M. (2015): Mastering Bitcoin, Sebastopol, CA.

Arnold, M., Bullock, N. (2015): Nasdaq claims to break ground with blockchain-based share sale, in: Financial Times, https://www.ft.com/content/eab49cc4-af18-11e5-b955-1a1d298b6250 (4.9.2019).

Back, A. et al. (2014): Enabling Blockchain Innovations with Pegged Sidechains, https://blockstream.com/sidechains.pdf (14.8.2019).

Batlin, A. et al. (2016): Building the trust engine. How the blockchain could transform finance (and the world), in: UBS, https://www.ubs.com/microsites/blockchain-report/en/home.html?hootPostID=6d427ec622fb4f862bcab7bb4a960870 (27.8.2019).

BitFury Group (2015): Public versus Private Blockchains. Part 1: Permissioned Blockchains, https://bitfury.com/content/downloads/public-vs-private-pt1-1.pdf (9.7.2019).

Blockchain: Bitcoin Charts & Graphs - Blockchain, https://www.blockchain.com/de/charts (8.7.2019).

Blockchain: Blockchain Size, https://www.blockchain.com/de/charts/blocks-size?timespan=all&showDataPoints=true (16.6.2019).

Bogart, S., Rice, K. (2015): Internet/Financial Technology. The Blockchain Report: Welcome to the Internet of Value, in: Needham, https://www.weusecoins.com/assets/pdf/library/The%20Blockchain%20Report%20-%20Needham%20(Huge%20report).pdf (14.8.2019).

Brühl, V. (2017): Banking 4.0 - strategische Herausforderungen im digitalen Zeitalter, in: Kreditwesen, H. 4, S. 177–181, https://www.ifk-cfs.de/fileadmin/downloads/Media_Lounge/CFS_in_the_Media/ZKW04_177_181_Bruehl_web.pdf (6.6.2019).

Brühl, V. (2017): Bitcoins, Blockchain und Distributed Ledgers, in: Wirtschaftsdienst, 97. Jg., H. 2, S. 135–142.

Buterin, V. (2015): On Public and Private Blockchains, in: Ethereum Blog, https://blog.ethereum.org/2015/08/07/on-public-and-private-blockchains/ (19.10.2019).

Buterin, V., Rosenfeld, M. (2016): Colored Coins, https://github.com/Colored-Coins/Colored-Coins-Protocol-Specification/wiki/Benefits (9.8.2019).

Chan, K., Milne, A. (2019): The Global Legal Entity Identifier System: How Can It Deliver?, in: Journal of Risk and Financial Management, 12. Jg., H. 1, https://repository.lboro.ac.uk/articles/The_global_legal_entity_identifier_system_How_can_it_deliver_/9502670 (31.8.2019).

Chiu, J., Koeppl, T. V. (2019): Blockchain-Based Settlement for Asset Trading, in: The Review of Financial Studies, 32. Jg., H. 5, S. 1716–1753, https://papers.ssrn.com/sol3/papers.cfm?abstract_id=3203917 (4.11.2019).

Clark, J. et al. (Hrsg.) (2016): Financial cryptography and data security. FC 2016 international workshops, BITCOIN, VOTING, and WAHC, Christ Church, Barbados, February 26, 2016: revised selected papers, Berlin, Lecture Notes in Computer Science.

Cohen, R., Sehra, A., Smith, P. (2018): Banking on the blockchain, in: International Financial Law Review, S. 42–46, http://www.allenovery.com/SiteCollectionDocuments/Banking_On_The_Blockchain.pdf (2.9.2019).

Cohen, R. et al. (2018): Automation and blockchain in securities issuances, in: Butterworths Journal of International Banking and Financial Law, S. 144–150, http://www.allenovery.com/SiteCollectionDocuments/Cohen_Smith_Automation_Blockchain.pdf (2.9.2019).

Collomb, A., Sok, K. (2016): Blockchain / Distributed Ledger Technology (DLT): What Impact on the Financial Sector?, in: Digiworld Economic Journal, 3rd Q., H. 103, S. 93–111, https://www.academia.edu/30192464/Blockchain_Distributed_Ledger_T echnology_DLT_What_Impact_on_the_Financial_Sector (6.10.2019).

Croman, K. et al. (2016): On Scaling Decentralized Blockchains, in: J. Clark et al. (Hrsg.): Financial cryptography and data security. FC 2016 international workshops, BITCOIN, VOTING, and WAHC, Christ Church, Barbados, February 26, 2016 : revised selected papers, Berlin, S. 106–125.

Das, P. et al. (2019): FastKitten: practical smart contracts on bitcoin, in: SEC'19 Proceedings of the 28th USENIX Conference on Security Symposium, S. 801–818 (5.11.2019).

Depository Trust & Clearing Corporation: DTCC Announces Study Results Demonstrating that DLT Can Support Trading Volumes in the US Equity Markets, http://www.dtcc.com/news/2018/october/16/dtcc-unveils-groundbreaking-study-on-dlt (24.11.2019).

Diehl, M. (Hrsg.) (2016): Analyzing the economics of financial market infrastructures, Hershey, Pa, Business Science Reference.

Ethereum / Ether (ETH) Statistiken und Informationen, https://bitinfocharts.com/de/ethereum/ (24.11.2019).

Franco, P. (2015): Understanding Bitcoin. Cryptography, Engineering and Economics, Chichester, West Sussex, The Wiley Finance Series.

Frøystad, P., Holm, J. (2015): Blockchain: Powering the Internet of Value, in: EVRY Financial Services, https://www.evry.com/globalassets/insight/bank2020/bank-2020---blockchain-powering-the-internet-of-value---whitepaper.pdf (28.5.2019).

Glaser, F., Bezzenberger, L. (Hrsg.) (2015): Beyond Cryptocurrencies - A Taxonomy of Decentralized Consensus Systems. Proceedings of the 23rd European Conference on Information Systems, ECIS 2015, Münster, Germany, May 26-29.

Gokey, T. (2015): The Path to a Post-Trade Utility, in: banking technology, https://www.broadridge.com/_assets/pdf/broadridge-the-path-to-a-post-trade-utility.pdf (31.8.2019).

Herlihy, M. (2018): Atomic Cross-Chain Swaps, in: Proc. ACM Symp. Princ. Distrib. Comput., http://arxiv.org/pdf/1801.09515v4 (13.9.2019).

Deutsche Börse Group (2019): Zentralverwahrer. Geld und Wertpapiere effizient und sicher buchen und verwahren, S. 2, https://www.deutsche-boerse.com/resource/blob/1574812/1bf17d4e511810b210ac3c665838 ec3b/data/db-aktuell-zentralverwahrer-juni2019_de.pdf.pdf (10.09.2019).

Hileman, G., Rauchs, M. (2017): Global Blockchain Benchmarking Study, in: Cambridge Centre for Alternative Finance, https://www.ey.com/Publication/vwLUAssets/ey-global-blockchain-benchmarking-study-2017/$File/ey-global-blockchain-benchmarking-study-2017.pdf (2.9.2019).

Kiviat, T. I. (2015): Beyond Bitcoin: Issues in Regulating Blockchain Transactions, in: Duke Law Journal, H. 65, S. 569–608, https://scholarship.law.duke.edu/cgi/viewcontent.cgi?article=3827&cont ext=dlj (14.4.2019).

Klopfer, A.: World Bank Prices First Global Blockchain Bond, Raising A$110 Million, https://www.worldbank.org/en/news/press-release/2018/08/23/world-bank-prices-first-global-blockchain-bond-raising-a110-million (12.4.2019).

Kögler, A. (2018): Nivaura bringt Blockchain in die Geldanlage, in: DerTreasurer, https://www.dertreasurer.de/news/asset-management/nivaura-bringt-blockchain-in-die-geldanlage-62581/ (6.9.2019).

Meinel, C., Gayvoronskaya, T., Schnjakin, M. (2018): Blockchain. Hype Oder Innovation, Potsdam, Universitätsverlag Potsdam, Technische Berichte des Hasso-Plattner-Instituts für Softwaresystemtechnik an der Universität Potsdam.

Michael Borkowski et al. (2018): Towards Atomic Cross-Chain Token Transfers: State of the Art and Open Questions Within TAST, https://www.researchgate.net/publication/327156161_Towards_Atomic_Cross-Chain_Token_Transfers_State_of_the_Art_and_Open_Questions_within_TAS T (13.9.2019).

Milne, A. (2016): Central Securities Depositories and Securities Clearing and Settlement, in: M. Diehl (Hrsg.): Analyzing the economics of financial market infrastructures, Hershey, Pa., S. 334–358.

Miraz, M. H., Donald, D. C. (2019): Atomic Cross-chain Swaps: Development, Trajectory and Potential of Non-monetary Digital Token Swap Facilities, in: Annals of Emerging Technologies in Computing, 3. Jg., H. 1, S. 42–50.

Morabito, V. (2017): Business Innovation Through Blockchain, Springer International Publishing, Cham.

Nakamoto, S. (2008): Bitcoin: A Peer-to-Peer Electronic Cash System, https://bitcoin.org/bitcoin.pdf (14.4.2019).

Notheisen, B. et al. (2019): Trading Stocks on Blocks: the Quality of Decentralized Markets, in: Karlsruhe Institute of Technology (KIT) Working Paper Series in Economics, H. 129, https://www.econstor.eu/handle/10419/194006 (9.9.2019).

o.V. (2016): Embracing Disruption. Tapping the Potential of Distributed Ledgers to improve the Post-Trade Landscape, in: Depository Trust and Clearing Corporation, https://ccl.yale.edu/sites/default/files/files/DTCC_embracing%20disruption%20white%20paper_final_jan-16.pdf (29.8.2019).

o.V. (2017): Blockchain-Technologie, in: Bundesanstalt für Finanzdienstleistungsaufsicht, https://www.bafin.de/DE/Aufsicht/FinTech/Blockchain/blockchain_node.html (6.10.2019).

o.V. (2017): The Distributed Ledger Technology Applied to Securities Markets, in: European Securities and Markets Authority, https://www.esma.europa.eu/sites/default/files/library/dlt_report_-_esma50-1121423017-285.pdf (30.8.2019).

o.V. (2018): IBRD (World Bank). Success of blockchain bond demonstrates potential of distributed ledger technology, in: Moody's, http://pubdocs.worldbank.org/en/931101536784067982/Moodys-IBRD-Blockchain.pdf (7.10.2019).

o.V. (2019): Blockchain Trends In Review, in: CBInsights, https://www.cbinsights.com/research/report/blockchain-trends-opportunities/ (30.8.2019).

o.V. (2019): European Exchange Report 2018, in: FESE Economics and Statistics Committee (ESC), https://fese.eu/app/uploads/2019/07/FESE-European-Exchange-Report-2018.pdf (24.11.2019).

o.V. (2019): Santander launches the first end-to-end blockchain bond, in: Santander, https://www.santander.com/csgs/Satellite/CFWCSancomQP01/en_GB/Corporate/Press-room/2019/09/12/Santander-launches-the-first-end-to-end-blockchain-bond.html (7.10.2019).

Pinna, A., Ruttenberg, W. (2016): Distributed ledger technologies in securities post-trading, in: European Central Bank, No 172, https://www.ecb.europa.eu/pub/pdf/scpops/ecbop172.en.pdf (6.10.2019).

Runchao Han, Haoyu Lin, and Jiangshan Yu (2019): On the optionality and fairness of Atomic Swaps, in: IACR Cryptology ePrint Archive 2019, https://pdfs.semanticscholar.org/0a10/5c1d881c73342e37c734d60347 3759396cf0.pdf?_ga=2.108836359.445530088.1568555002-870142761.1568373750 (15.9.2019).

Schlatt, V. et al. (2016): Blockchain: Grundlagen, Anwendungen und Potenziale, in: Projektgruppe Wirtschaftsinformatik des Fraunhofer-Instituts für Angewandte Informationstechnik FIT, https://www.fit.fraunhofer.de/content/dam/fit/de/documents/Blockcha in_WhitePaper_Grundlagen-Anwendungen-Potentiale.pdf (8.6.2019).

Schneider, J. et al. (2016): Blockchain. Putting Theory into Practice, in: Goldman Sachs, https://github.com/bellaj/Blockchain/blob/master/Goldman-Sachs-report-Blockchain-Putting-Theory-into-Practice.pdf (27.8.2019).

Schütte, J. et al. (2017): Blockchain. Technologien, Forschungsfragen und Anwendungen, in: Fraunhofer, https://www.aisec.fraunhofer.de/content/dam/aisec/Dokumente/Publik ationen/Studien_TechReports/deutsch/FhG-Positionspapier-Blockchain.pdf (4.3.2019).

Schütte, J. et al. (2017): Blockchain und Smart Contracts – Technologien, Forschungsfragen und Anwendungen, in: Fraunhofer-Gesellschaft zur Förderung der angewandten Forschung, https://www.fraunhofer.de/content/dam/zv/de/forschung/artikel/2017/Fraunhofer-Positionspapier_Blockchain-und-Smart-Contracts_v151.pdf (8.6.2019).

Reade, Ryan; Mayme, Donohue (2016-2018): Securities on Blockchain, in: The Business Lawyer, Vol. 73, S. 85–108, https://www.huntonak.com/images/content/3/5/v2/35271/ABA-The-Business-Lawyer-Securities-on-Blockchain.pdf (6.10.2019).

Sekretariat NIM: Prof. Dr. Gilbert Fridgen, https://www.nim.uni-bayreuth.de/de/team/gilbert-fridgen/index.php (2.11.2019).

Seretakis, A. L. (2017): Blockchain, Securities Markets and Central Banking, in: Regulating Blockchain. Techno-Social and Legal Challenges, http://www.tara.tcd.ie/bitstream/handle/2262/82411/Blockchain%20Securities%20Markets%20Central%20Banking.pdf?sequence=1&isAllowed=y (27.8.2019).

Shrier, D., Sharma, D., Pentland, A. (2016): Blockchain & Financial Services: The Fifth Horizon of Networked Innovation, in: Massachusetts Institute of Technology, https://www.getsmarter.com/blog/wp-content/uploads/2017/07/mit_blockchain_and_fin_services_report.pdf (14.4.2019).

Smith, J. et al. (2019): Tokenized Securities and Commercial Real Estate, in: Massachusetts Institute of Technology Digital Currency Initiative, https://alphapoint.com/wp-content/uploads/2019/08/Tokenized-Security-Commercial-Real-Estate.pdf (21.10.2019).

Stoll, C., Klaaßen, L., Gallersdörfer, U. (2019): The Carbon Footprint of Bitcoin, in: Joule, 3. Jg., H. 7, S. 1647–1661.

Szabo, N. (1997): Formalizing and Securing Relationships on Public Networks, in: First Monday, 2. Jg., H. 9.

Technische Hochschule Nürnberg: Letzter Ringvorlesungs-Termin: Blockchain ist wie ein Notizbuch, https://www.th-nuernberg.de/news/letzter-ringvorlesungs-termin/ (2.11.2019).

Unita (2019): Atomic Cross-Chain Swaps on Qtum, https://blog.qtum.org/atomic-cross-chain-swap-on-qtum-7e756a890ed7 (15.9.2019).

Vakta, T., Maheswari, A., Mohanan, N. U. (2016): Blockchain Disruption in Security Issuance. Enabling the issuance of fully digitized smart securities, in: Capgemini, https://www.capgemini.com/wp-content/uploads/2017/07/blockchain_securities_issuance_v6_web.pdf (5.9.2019).

van de Velde, J. et al. (2016): Blockchain in Capital Markets. The Prize and the Journey, in: Euroclear mit Oliver Wymann Joint Report, https://www.oliverwyman.com/content/dam/oliver-wyman/global/en/2016/feb/BlockChain-In-Capital-Markets.pdf (13.9.2019).

Walport, M. (2015): Distributed Ledger Technology: beyond block chain, in: Government Office for Science, https://assets.publishing.service.gov.uk/government/uploads/system/uploads/attachment_data/file/492972/gs-16-1-distributed-ledger-technology.pdf (8.6.2019).

Weber, R. H., Thouvenin, F. (Hrsg.) (2015): Rechtliche Herausforderungen durch webbasierte und mobile Zahlungssysteme, Zürich, Schulthess.

XRP (XRP) - Statistiken und Informationen, https://bitinfocharts.com/de/xrp/ (24.11.2019).

Yermack, D. (2017): Corporate Governance and Blockchains, in: Review of Finance, 22. Jg., 7-31 (10.9.2019).

Zohar, A. (2015): Bitcoin: Under the Hood, in: Communications of the ACM, 58. Jg., H. 9, S. 104–113, http://tau-crypto-f16.wdfiles.com/local--files/course-schedule/bitcoin-zohar-cacm.pdfhttp://tau-crypto-f16.wdfiles.com/local--files/course-schedule/bitcoin-